AF460137

4°F
1988

J. LAURÈS
Juge d'instruction à Marseille

LE PROBLÈME DES CHANGES ET LA BAISSE DU FRANC

BIBLIOTHÈQUE NATIONALE R.F. IMPRIMÉS

ÉTUDE CRITIQUE ET CONTRIBUTION JURIDIQUE A LA SOLUTION

PARIS
LIBRAIRIE DALLOZ
11, RUE SOUFFLOT

1926

LE PROBLÈME DES CHANGES
ET
LA BAISSE DU FRANC

1988

J. LAURÈS
Juge d'instruction à Marseille

LE PROBLÈME DES CHANGES ET LA BAISSE DU FRANC

ÉTUDE CRITIQUE ET CONTRIBUTION JURIDIQUE A LA SOLUTION

BIBLIOTHÈQUE NATIONALE R.F. IMPRIMÉS

PARIS
LIBRAIRIE DALLOZ
11, RUE SOUFFLOT
1926

§ 33. — *Si l'on partage la vie des P. T. S. (partisans) en deux portions égales, la première, vive et agissante, est tout occupée à vouloir affliger le Peuple ; et la seconde voisine de la mort, à se décéler et à se ruiner les uns les autres.*

§ 56. — *Il y a des âmes sales, pétries de boue et d'ordure, éprises du gain et de l'intérêt, comme les belles âmes le sont de la gloire et de la vertu ; capables d'une seule volupté, qui est celle d'acquérir ou de ne point perdre; curieuses et avides du denier dix ; uniquement occupées de leurs débiteurs ; toujours inquiètes sur le rabais ou le décri des monnaies ; enfoncées et comme abimées dans les contrats, les titres et les parchemins. De telles gens ne sont ni parents, ni amis, ni citoyens, ni chrétiens, ni peut-être des hommes : ils ont de l'argent.*

La Bruyère

(Les Caractères, *au chapitre* : Les Biens de Fortune)

(1) La Bruyère appelle « partisans » ceux que nous désignons de nos jours sous le nom de « spéculateurs ».

LE PROBLÈME DES CHANGES
ET
LA BAISSE DU FRANC

Première Partie

ÉTUDE CRITIQUE

CHAPITRE I

CRISE ÉCONOMIQUE OU CRISE DE CONFIANCE

La baisse du franc n'est plus seulement inquiétante, elle est angoissante. Il ne sert de rien de le dissimuler, encore quelques dizaines de points, en moins, et notre devise nationale aura vécu.

Pourquoi cette baisse? Comme toujours nous nous trouvons en présence de deux écoles. Pour les uns, la baisse n'est que le choc en retour des événements économiques, pour les autres, c'est une crise de confiance, donc crise politique. Dans le premier cas, l'événement est fatal, inéluctable et nous n'aurions qu'à « laisser faire et laisser passer ». Dans le second, le remède serait comme la crise elle-même d'ordre psychologique. Dans l'un et l'autre cas, pas de guérison immédiate, car on ne transforme pas en un jour le mécanisme économique et si la confiance se conseille, elle ne se commande pas.

Les deux thèses se combattent et s'entrechoquent, elles pourraient aussi bien s'étayer et se pénétrer mutuellement, le résultat serait le même. Toutes les deux peuvent faire également appel à la statistique et à la psychologie, invoquer de fort bonnes raisons. Jusqu'ici elles n'ont abouti qu'à de beaux discours et une perte de temps. Le fait brutal est là ; malgré tout le franc baisse.

Il nous paraît donc oiseux de reprendre l'une et l'autre thèse, d'en souligner la valeur ou la faiblesse, de les confronter, ou même de les affronter avec les faits. Il nous paraît plus conforme aux nécessités de l'heure présente de raisonner non plus « in abstracto », mais de voir et d'apprécier « in concreto ».

Renonçons à rechercher les causes secrètes ou non de la baisse du franc. Contentons-nous d'observer et de noter les phénomènes qui apparaissent aux yeux de tous et signalant ces apparences, cherchons comment elles s'enchaînent et par conséquent comment on peut les prévoir et si on peut les empêcher. Sortons du domaine de la discussion d'école. Admettons que tout le monde a raison, théoriquement, au moins en partie, et voyons les faits sensibles.

Débarrassés de toute inutile technicité, les faits se réduisent à ceci : de même qu'un manomètre marque l'intensité de la pression dans une chaudière, que le thermomètre indique le degré de chaleur, par l'oscillation d'une colonne de mercure, la Bourse, instrument de précision, également, marque à toute heure du jour, mécaniquement, la hauteur variable du franc.

J'attire l'attention sur le mot mécaniquement. Il peut y avoir, et il y a des préoccupations économiques, politiques hors de la Bourse. A la Bourse, il n'y a qu'un mécanisme. Nous pouvons être en pleine tranquillité politique, en pleine bonace économique, si l'on achète à la Bourse des devises étrangères en stocks considérables, notre devise nationale baissera. L'achat de la livre et du dollar c'est la vente du franc. C'est le jeu pur et simple de la loi de l'offre et de la demande. Il suffit que pour un motif quelconque, plausible ou non, affollement ou calcul, on demande de la livre et du dollar, pour que le franc subisse une baisse proportionnelle. Les événements politiques et la psychologie n'ont à ce moment plus rien à voir dans le fonctionnement de ce mécanisme.

Un exemple peut illustrer d'une lumière brutale cette affirmation. La livre sterling qui en séance officielle avait terminé le mardi soir, 4 mai 1926, à 148 fr. 45 a fait le lendemain un brusque bond, elle a côté dans la matinée et au début de l'après-midi tour à tour 151, 152 et même 154 fr. Au point de vue économique la situation est cependant nette, l'Angleterre est en pleine crise minière — en grève générale. En France pas de chômage — pas de grève — nous venons de nous entendre avec l'Amérique pour le règlement de notre dette. Donc situation défavorable pour l'Angleterre — favorable pour la France et cependant c'est la livre qui monte d'un bond et le franc qui plonge d'un saut dans l'inconnu. Tout le monde est d'accord pour reconnaître que cette hausse des changes a été due aux ventes massives de devises françaises et belges tenues en réserve par l'Angleterre qui veut en face de la crise sociale actuelle garder à tout prix sa monnaie à la parité du dollar pour se procurer les dollars nécessaires au rachat des livres sterlings offertes sur le marché de New-York. Peu nous importe pour le moment l'explication. Le fait est là, sans raison économique plausible, sans motifs psychologiques, de confiance ou non, le franc a baissé parce qu'on l'a jeté en masse sur le marché. La guillotine sèche a fonctionné. Le même fait s'est produit les 20 et 21 mai 1926, sans raisons, la livre a bondi à 178 et le lendemain est redescendue à 163. Elle oscille en ce moment aux environs de 170 en attendant une nouvelle *soufflure.*

Dès lors ce qu'il est intéressant de savoir c'est qui achète et il est regrettable qu'on n'ait pas eu jusqu'à maintenant la curiosité de le rechercher minutieusement. J'entends bien qu'on peut répondre : achètent de la livre ceux qui n'ont pas confiance dans le franc et nous retomberions ainsi dans la discussion théorique. Mais ne peut-on envisager les faits d'une manière encore plus simple et ne peut-on affirmer sans crainte d'être démenti et presque avec M. de la Palice : « achètent des devises des gens qui en ont besoin et également des gens qui pourraient s'en passer »? Nous sommes là sur un terrain beaucoup plus solide qu'il ne paraît, nous pouvons regarder le fléau de la balance sans crainte de nous tromper sur ses oscillations, nous pouvons sans être prophète, les prédire.

Voyons d'abord ceux qui achètent par nécessité. Les importateurs de toute nature, les industriels et les commerçants en relations d'affaires avec l'étranger et tributaires de l'étranger, doivent obligatoirement acheter des devises étrangères. Sous aucun prétexte, d'aucune façon, directe ou indirecte, il ne faut gêner leurs mouvements, tant, bien entendu, que leurs achats ont ce caractère de nécessité. Ici on peut dire avec certitude que les événements économiques ont une répercussion fatale sur les cours.

Il aurait été criminel pour un Français en 1914 d'empêcher les Français de faire rentrer leurs créances de l'étranger et à l'heure du péril, quand l'existence de la France se jouait sur le champ de bataille, le franc français faisait prime comme nous le verrons plus tard. L'Angleterre procède de même aujourd'hui. Elle est en péril et c'est la livre qui est en hausse parce que la Grande Bretagne fait rentrer les créances qu'elle possède sur les marchés extérieurs. Elle a réalisé ses francs français, ses francs belges, ses lei roumains. Le franc français et belge baisse, et le lei roumain également. Mais ce que l'Angleterre fait pour sauver sa livre ne le pouvions-nous faire pour sauver notre franc et si la vente des francs fait fléchir notre devise nationale, n'est-il pas tout d'abord évident que la contre-manœuvre est la vente des livres volontaire ou forcée? La manœuvre manifestement rétablirait l'équilibre sans, pour le moment, chercher à savoir qui a tort ou a raison et si c'est d'une bonne orthodoxie économique.

Mais en ce qui concerne ceux qui achètent des devises étrangères sans autre but que la spéculation, qu'il s'agisse de gagner de l'argent sur les différences, ou de sauvegarder un patrimoine par un meilleur placement éventuel, n'est-il pas évident que par leurs achats surtout immodérés, par à coups, de devises étrangères, ils vont, dans leur intérêt privé, mais à l'encontre de l'intérêt général accentuer la baisse? Tandis que les premiers mettent en branle une baisse inévitable, les autres facilitent celles qu'on aurait pu éviter. On peut tirer des faits examinés une première conclusion : si les événements économiques peuvent créer la baisse, la créent même certainement, la spéculation, sous toutes ses formes, en accentue le rythme et continue ses effets, même lorsque les événements économiques n'exercent plus aucune action.

Je pose en fait et je ne serai sérieusement contredit par personne qu'en tenant compte, par exemple, de la situation respective de la France et de l'Angleterre, tant au point de vue intérieur qu'extérieur, cette position permettrait à peine de coter la livre à 90 francs, quelques-uns prétendent 65 francs.

Tout le reste, et la marge est formidable, serait le fait exclusif de la spéculation.

L'achat des Bons de la Défense Nationale est en connexion étroite avec le mouvement des devises étrangères et l'on peut affirmer qu'une grande partie de ce qui va à la livre et au dollar allait antérieurement aux Bons de la Défense Nationale. Que l'on prenne la peine de confronter les deux courbes, de les superposer, et on constatera que le délaissement des Bons de la Défense Nationale s'accélère et s'accentue avec la hausse des devises étrangères.

Le résultat c'est que la spéculation ne se contente pas en augmentant la valeur des devises étrangères d'augmenter le prix de la vie, elle a sur notre trésorerie un effet plus direct encore. Elle arrête le circuit, facilite la thésaurisation et nécessite en certaines heures de crise l'inflation, à peine de fermer les caisses. Toute inflation est sur notre corps économique malade comme l'adjonction d'une maladie nouvelle, grave par elle-même, plus grave encore par le parallélisme de plusieurs maladies conjuguées.

A côté des gens qui achètent par obligation professionnelle et qui sans doute sont nombreux, il y a l'armée de tous ceux qui achètent sans y être contraints. Individuellement ils achètent en quantité moindre, mais ils sont légions. De quoi se compose cette armée?

En première ligne, des gens de très bonne foi, de bons Français, de bons citoyens mais qui ne voient que leurs intérêts immédiats à sauvegarder et qui sont loin de supposer qu'en agissant ainsi ils nuisent à l'intérêt général et acheminent le pays vers la ruine. C'est le petit nombre, dit-on! Peut-être! J'ai quelques raisons de croire, en écoutant autour de moi, que même dans certains milieux, très modestes et très français, il y a des livres et des dollars assoupis au fond des tiroirs.

Ecoutez ce qu'on dit, vous entendrez de très braves gens qui ont attendu sans impatience que la livre montât à 150 francs. Ce chiffre a été .fixé depuis longtemps déjà et répandu je ne sais comment dans le public comme devant être de toute certitude le chiffre fatidique que la livre devait atteindre sans danger. Habilement répandu ce bruit a d'ailleurs été de nature à faciliter plus facilement l'accession à ce chiffre. On commence à parler de 200.

Il y a aussi les spéculateurs professionnels, français et étrangers. Il serait extraordinaire qu'à notre époque ou toutes les denrées et les marchandises sont l'objet de spéculation ; les devises seules fussent exceptées de ce calcul. Elles ne le sont pas, bien au contraire, car elles se prêtent admirablement, par leur nature, à ce genre d'opération. Mais avec les professionnels il n'y a plus de frein et les appétits sont insatiables, surtout chez les étrangers. Les méthodes peuvent changer, le but est toujours le même. Il s'agit d'un enrichissement immédiat et sans cause et, pour l'étranger, il s'agit en outre de ruiner le franc et la France.

Ce développement de la spéculation, caractéristique de toute période de crise, se traduit de nos jours par différents phénomènes qu'il serait trop long d'examiner ici et parmi lesquels nous ne voulons retenir, à titre d'indication, que la création et le développement d'un organisme nouveau autrefois inconnu.

Lorsqu'un commerçant ou un industriel avait besoin, avant guerre, de devises étrangères, il passait un ordre à sa banque qui dans la plupart des cas se contentait de le transmettre à son correspondant de Paris. Un délai quelques fois de vingt-quatre heures et plus s'écoulait entre la demande et la réponse. Le demandeur ne s'en préoccupait pas outre mesure sachant que les variations du change étaient peu sensibles au cours d'une journée. Il n'en est plus de même aujourd'hui où les variations peuvent être de plusieurs points en quelques heures.

Nous avons vu alors se créer et se développer les offices de « Cambistes » qui servent d'intermédiaire entre acheteurs et vendeurs de devises à peu près comme les courtiers sur denrées et marchandises. Les « cambistes » opèrent plus particulièrement entre banques. Ils se contentent d'un bénéfice réduit, mais le nombre de leurs opérations est tel que le bénéfice est malgré tout considérable. Certaines de ces officines ont jusqu'à dix à douze lignes téléphoniques particulières avec les banques. Il n'est pas contestable que les cambistes répondent à un besoin nouveau. Ils constituent, pour l'industriel et le commerçant, le courtier diligent et donnent à leurs clients une espèce d'assurance et de sauvegarde en permettant à une heure quelconque de la journée d'acheter à un taux déterminé. Je ne retiens l'institution qu'à titre d'indication du besoin ; une fois de plus la fonction a créé l'organisme nécessaire. Nous verrons plus tard s'il convient et comment de surveiller cette organisation.

De nombreux économistes même libéraux et toute l'école orthodoxe, sans nier la spéculation, ne lui attribuent qu'une influence insignifiante et passagère. Quelques-uns ont même entonné en son honneur un hymne de reconnaissance et nous aurons l'occasion d'entendre Proud'hon vanter ses bienfaits.

Mais les dogmes économiques d'avant guerre ont été si cruellement en contradiction avec les faits et ont reçu de ces derniers de si furieux démentis, qu'il n'en reste plus grand chose, surtout au point de vue financier. La doctrine du laissez faire et du laissez passer n'a plus de nouveaux élèves, si elle a encore quelques professeurs attardés à son enseignement. La libre concurrence n'a pas que des admirateurs. « L'examen des faits contemporains revèle à l'observateur attentif une tendance nouvelle. Presque dans toutes les contrées du monde civilisé, on assiste aux efforts fréquents des industriels et des commerçants pour amortir les effets de la concurrence et souvent pour l'anéantir à leur profit. De toute part on signale des tentatives de réglementation des marchés et des ententes flétries par l'opinion publique. En même temps la valeur de la concurrence, comme principe d'organisation industrielle est mise en doute. On reproche à son libre jeu de rendre l'industrie instable, de multiplier les crises, d'éliminer brutalement les faibles. Cette force de coordination que les économistes libéraux attribuent à la concurrence lui est déniée par plus d'un critique. On va jusqu'à lui donner le nom d'anarchie. » (Pandectes françaises 1900. 2. 33, note Thisse).

Quand le change varie on incrimine volontiers la spéculation et comment n'y pas songer lorsqu'on la voit évidemment exercer son influence sur le cours des changes?

En fait, en examinant ce qui s'est passé rapidement en ces dernières années, que voyons-nous? Au début des hostilités le change a peu varié, parce que la France créancière dans la plupart des pays n'était débitrice nulle part. Lorsque nos disponibilités à l'étranger ont été épuisées, et qu'il nous a fallu, malgré tout, acheter à l'étranger les machines, les armes et les munitions, les produits de première nécessité indispensables à la lutte, le Gouvernement d'accord avec la Banque de France, a effectué le drainage de toutes les créances sur l'étranger, acquis toutes les valeurs mobilières émises à l'étranger qu'on a bien voulu lui vendre, contracté à l'étranger des emprunts constituant du disponible momentané et cependant dans les mois qui suivirent la cessation des hostilités la livre sterling ne dépassait pas 27 francs et le dollar 5 francs 75. En 1914 on put obtenir des livres à 24 francs 50 et du dollar pour 4 francs 75.

Nous avons vu en mars 1919 une hausse rapide et importante du change sur les pays créanciers du nôtre. Mais notre balance commerciale favorable, notre restauration matérielle, le retour des touristes, l'afflux étranger qui ont fait de la France une gare universelle, n'ont amélioré en rien notre situation au point de vue des changes et c'est un fait incompréhensible si l'élément de spéculation n'intervient pas.

S'il reste quelque chose de vrai dans l'ancien enseignement orthodoxe, c'est que l'action de l'offre et de la demande sur les prix, comme sur les devises est un fait économique qui persistera sans doute tant que la nature humaine restera ce qu'elle est. Or la nature humaine veut qu'à cette heure l'étranger cherche à nous ruiner et qu'un certain nombre de Français inconscients l'y aident.

Nous avons eu à subir deux crises redoutables, celle de 1924, surtout provoquée par l'assaut des étrangers, nous subissons aujourd'hui une crise beaucoup plus redoutable provoquée par l'inconscience, pour ne pas dire davantage de beaucoup de Français.

Dans le discours qu'il prononçait à la Chambre le 30 janvier 1926 (*Journal Officiel* du 31 janvier 1926), M. Bokanowski disait : « La crise de 1924 était engendrée par la spéculation étrangère. On avait la preuve certaine que c'était pure spéculation, c'est-à-dire achat du franc à la baisse et à découvert et cette preuve éclatait dans le chiffre des déports. Le déport, vous le savez, c'est l'écart entre le comptant et le terme se traduisant par un taux d'intérêt. Le spéculateur à la baisse emprunte des francs, il paie pour cela un intérêt et il a l'espoir qu'au moment où il faudra les rembourser, ils seront tellement bas qu'il réalisera un important bénéfice...

« A ce moment le moral des porteurs de francs en France n'était pas atteint, il demeurait imperturbable. Faisant face à cette armée un peu aventurée de gens qui combattaient avec des armes empruntées, il y avait toute la France. Les Français ne vendaient pas un seul franc, il n'y avait pas de spéculation à Paris. Aussi l'armée des assaillants s'est-elle brisée ! Il a suffi, selon l'expression de M. Vincent Auriol, de quelques sacs d'or jetés sur le mufle des spéculateurs pour les obliger à racheter ces francs qu'ils s'étaient engagés à livrer à terme et pour qu'ils fussent eux-mêmes les artisans de la remontée du franc et de leur propre catastrophe.

« Nous nous trouvons devant une situation toute différente de celle de 1924 et beaucoup plus grave. Comme le disait très justement et avec beaucoup de courage M. Dumesnil, aujourd'hui c'est le Français qui craint, qui ne croit plus, qui redoute l'avenir pour son patrimoine constitué en francs.

« Il est faux de dire qu'il n'y ait que les gros et les grands spéculateurs qui tremblent devant le franc. C'est le paysan qui achète des dollars, c'est la concierge qui achète de la livre. Au lieu de cette armée qui autrefois tenait bon, ne bronchait pas devant les attaques de l'adversaire, vous avez une armée en débandade qu'un rien peut amener à la désertion ou aux pires déroutes ».

La thèse de M. Bokanowsky n'est pas tout à fait exacte ou plutôt elle est incomplète. Il serait trop beau de penser que les étrangers ont renoncé à attaquer le franc et à ruiner le crédit de la France. La vérité est que nous subissons un double assaut, extérieur et intérieur. La spéculation anglo-saxonne s'est remise à la baisse sur le franc et je n'en veux pour preuve en suivant les indications sur les déports, données par M. Bokanowsky que l'élévation progressive sur les taux qui se constate comme il suit :

Dates	Livres à un mois
—	—
23 avril	0 fr. 97 à 0 fr. 47
26 avril	0 fr. 45 à 0 fr. 55
27 avril	0 fr. 62 à 0 fr. 72
28 avril	0 fr. 57 à 0 fr. 77
29 avril	0 fr. 76 à 0 fr. 90

en mai les écarts étaient encore plus considérables.

La crise anglaise vint ajouter un nouvel élément et compliquer encore la crise. La spéculation anglo-saxonne ne comprend pas seulement en ce moment des spéculateurs cyniques désireux de spéculer sur la ruine du franc, elle comprend aussi et surtout des nationaux anglais désireux de sauver la livre.

A ce propos, et bien que je le répète, je tienne autant que possible à écarter toute technicité, je suis obligé de préciser quelques notions.

La spéculation sur le taux des changes peut se présenter sous deux formes : spéculation à la hausse, spéculation à la baisse.

« Dans le premier cas le spéculateur spécule parce qu'il espère un relèvement favorable de la situation du pays, une amélioration de son change qui permettra de convertir à nouveau la monnaie achetée soit en monnaies, soit en marchandises. La spéculation à la hausse apporte un élément actif qui contribue à améliorer le change ce dont le pays bénéficiaire tire évidemment profit. Ce sont surtout ces crédits de spéculation à la hausse qui ont alimenté jusqu'en 1919 notre marché du change et nous ont permis d'équilibrer nos compensations ».

Mais il y a aussi la spéculation à la baisse : « La prévision que l'état de la balance d'un pays est à la veille de s'aggraver pousse parfois certaines banques ou certains spéculateurs privés à vendre à découvert du change, c'est-à-dire des créances sur ce pays, quitte à dénoncer leurs opérations par un rachat lorsque le moment escompté se sera produit. Le spéculateur à la baisse ajoute un élément passif à la balance. Il aggrave donc la situation et ce exclusivement dans son intérêt » (Conférences sur le change par M. J. Decamps).

Lorsque les deux mouvements se conjuguent, lorsque comme en ce moment les Anglais jouent à la hausse sur leur change, soutenus peut être par une partie de l'étranger et que, nous Français, nous les aidons en jouant à la baisse sur le nôtre nous accentuons, jusqu'à la catastrophe, la spéculation étrangère.

C'est sous un autre aspect la confirmation de la règle générale posée au début de cette étude, si les événements économiques ou politiques déclanchent la baisse, la spéculation accentue l'allure du mouvement et c'est surtout vrai en matière de changes.

La bataille à engager est donc double : à l'extérieur et à l'intérieur.

Ne fût-ce que par prudence, je ne dirai rien de la lutte à engager à l'extérieur. Il appartient à ceux qui ont le souci de notre politique extérieure et aux techniciens d'y veiller. Je signale seulement qu'en faisant quelque chose nous aurons été malgré tout devancés et notamment par l'Italie où le Ministère des Finances a, en matière de changes, adressé des instructions aux directeurs des banques italiennes et autres instituts de crédit « afin de surveiller étroitement les opérations de change demandées par leur clients en vue de tractations nettement commerciales, dûment prouvées avec documents à l'appui et de refuser celles qui auraient pour but la spéculation ».

En ce qui concerne l'intérieur, je suis plus à l'aise, il s'agit seulement d'une discussion d'ordre juridique, car je ne suppose pas qu'on s'obstine encore à nier la spéculation.

A l'intérieur nous avons à faire à deux sortes d'adversaires, ceux qui ne comprennent pas et ceux qui comprennent trop. Nous avons le devoir d'éclairer les uns, de les ramener à une plus juste appréciation des faits, de leur inspirer confiance aussi, mais nous avons le devoir impérieux également de combattre les autres sans pitié.

C'est ce double but que je recherche. Il me reste à montrer au point de vue juridique sur quel terrain peut être portée la discussion et, puisqu'une répression est inévitable, comment elle doit être comprise. Lorsque l'arme aura été forgée nous n'aurons plus qu'à voir comment elle doit être maniée et ceci est important car il faut bien le reconnaître il ne suffit pas au Parlement de forger des armes, il faut encore qu'on puisse et qu'on veuille s'en servir.

CHAPITRE II

LES PARTISANS DE LA LIBERTÉ ÉCONOMIQUE

Parmi les partisans de la liberté économique, très nombreux sont ceux qui sont sincères, soit qu'ils s'attachent au principe de cette liberté économique, comme étant l'expression partielle d'une vérité totale très noble en elle-même : la liberté tout court, soit que moins attachés au principe, ils considèrent la répression comme inutile, parce qu'inefficace et dans ces conditions dangereuse pour les bons, anodine pour les autres, aboutissant à d'inutiles vexations et de nature seulement à troubler encore davantage une situation déjà peu claire.

Je crois que les premiers ont dû réfléchir que les affres de la guerre n'avaient pas laissé subsister grand chose de la liberté totale, que le nombre des lois, décrets, règlements augmentant sans cesse pour essayer de résister aux empiètements des plus cyniques et des plus forts, constitue autour de la société une sorte de digue et que l'état de guerre n'a pas pris fin avec la cessation des hostilités, mais se continue de nos jours, *économiquement*, et pas seulement aux frontières, mais à l'intérieur, dans la cité, dans la famille.

Les autres, qui croient à l'insuffisance de la répression, reprennent une doctrine déjà assez ancienne et plus particulièrement fondée sur l'orthodoxie économique.

« Il y a plus d'un siècle, un membre de la Convention rappelait à ses collègues une vérité que nul n'a le droit d'oublier aujourd'hui : « On n'est pas assez frappé, disait Creusé Latouche, d'une erreur aussi étonnante : cette erreur consiste à croire qu'il est au pouvoir de quelque autorité humaine de fixer par une parole la valeur des choses, comme Dieu créa d'un mot la lumière. Les valeurs ont leur base dans une multitude infinie de rapports variables que la loi ne peut ni saisir, ni dominer. Vous pourriez multiplier les lois de sang, encourager les dénonciateurs, établir des légions de tyrans subalternes, autoriser tous les actes arbitraires, provoquer des violences populaires et désespérer tous les citoyens, mais la force des choses serait encore au dessus de toutes les mesures ».

« Cela est vrai, ajoute M. Zolla en 1916, comme cela était vrai de toute vérité en 1793. Il faut : « laissez faire et laissez passer ». La vieille formule qu'on cite trop souvent pour la tourner en dérision reste l'expression très simple d'une réalité économique. C'est ce que nous pensons, du moins avec une parfaite sincérité.

« Les prix s'élèvent en France et le problème de l'alimentation est plus difficile à résoudre aujourd'hui qu'hier, mais personne ne devrait s'étonner de la hausse des cours ou demeurer surpris qu'on ne puisse ni la suspendre ni la limiter.

« Les principales récoltes de 1915 ont été inférieures à la moyenne : nous sommes forcés d'importer une partie de nos aliments, et les cours à l'étranger subissent l'influence de ces demandes extraordinaires. D'autre part le cours des transports maritimes a triplé ou quintuplé ; les transports par chemin de fer sont plus difficiles; le prix de la main-d'œuvre rurale s'élève et l'agriculteur achète lui-même plus cher qu'autrefois les engrais, les aliments complémentaires destinés au bétail et jusqu'aux outils qu'il emploie. Les prix subissent l'influence spéciale qu'exercent les inquiétudes générales et probablement aussi l'action invisible d'une circulation plus large de certains instruments de crédit. Est-il en outre permis d'oublier que depuis 1904 ou 1905 la plupart des produits agricoles avaient déjà subi une hausse marquée et presque continue, en dépit des oscillations brusques que provoquaient les variations des récoltes?

« Nous sommes entrés dans une période de hausse analogue à celle que l'on peut noter à la fin du XVIIIe siècle et dont tous les traits sont connus.

« Par quelle étrange aberration d'esprit pourrait-on, en ce moment, oublier ou négliger toutes les circonstances et tous les faits qui expliquent et justifient la hausse des prix? Cette hausse provoque des souffrances et réduit le bien-être auquel les consommateurs estiment qu'ils ont droit parce qu'ils en jouissaient avant la guerre.

« Il serait bien étrange que la lutte sans merci soutenue par nous depuis 18 mois n'eut pas entraîné, comme conséquence, des privations et des misères. C'est folie que de vouloir exiger le bon marché et l'abondance alors que la mobilisation, la guerre et l'inquiétude générale, bouleversent toutes les conditions ordinaires de la production ».

Ainsi parlait M. Daniel Zolla à la Société des Anciens Élèves de l'Ecole libre des Sciences sociales en 1919. Parlerait-il de même aujourd'hui? Peut-être ! car les professeurs sont toujours fort attachés à leurs idées, même contredites par les événements. Mais comme il serait facile de répondre que de toutes les angoisses que nous avions en 1917 plus aucune ne subsiste et que nous assistons à un déplacement de la fortune qui fait singulièrement réfléchir. Il ne s'agit pas de fixer la valeur des denrées, marchandises et monnaies, il ne s'agit pas d'aller contre la force des choses, ce serait enfantin, naïf et inutile en effet. Il s'agit de déterminer autant que possible dans notre crise économique et plus particulièrement dans la crise du franc quelle est la part (oh ! très approximative !) des événements et la part de l'intervention des hommes et s'il est impossible de lutter, à courte échéance, contre les événements au moins de réagir contre les interventions intéressées, qui sont à côté ou derrière, et accentuent la catastrophe.

L'inefficacité antérieure de certaines lois n'est pas un motif suffisant pour ne rien faire. Nous verrons notamment à propos de l'application de la loi du 20 avril 1916 quelles ont été les causes de son insuccès et comment les spéculateurs ont su tirer parti de ses imperfections. *Summum jus, summa injuria*, disaient les anciens, soit, mais une loi n'est pas nécessairement draconienne, elle peut constituer un avertissement salutaire, une mesure de précaution. Le pire c'est de ne rien faire.

Il faut bien croire cependant qu'il y a quelque chose à faire puisqu'il y a tant de gens qui redoutent que l'on fasse quelque chose. Je ne crois pas à la sincérité de tous ceux qui crient : Vive la liberté. Ils sont depuis la guerre trop nombreux, beaucoup plus qu'avant.

Dès qu'il est question d'une taxe, d'un impôt, d'une réglementation, d'une répression, des organisations autorisées et beaucoup qui ne le sont pas, s'insurgent et c'est une campagne de presse qui commence. La loi votée, la campagne recommence jusqu'à l'abrogation. Nous avons vu cela pour le malheureux et cahotant article 10 de la loi du 20 avril 1916 et les effets de cette abrogation n'ont pas tardé à se faire sentir. C'est à ce moment que commence sérieusement l'ascension des prix — sans aucun rapport à cette époque avec le mouvement du franc, puisque l'ascension s'est produite plus particulièrement et tout d'abord, sur les produits de notre sol, sur les marchandises provenant de notre fabrication récente, et aussi sur les stocks et les existants en magasins, ce que rien ne justifiait. Nous reviendrons en temps utile sur la question, mais nous ne voulons retenir l'exemple qu'à titre d'indication de la façon de procéder, ou de l'une des manières de frauder.

Actuellement les spéculateurs, les mercantis, ou ce qui revient au même les *inflationnistes* sont tous des partisans acharnés de la liberté. Je regrette d'être contraint de mettre le doigt sur une plaie, mais j'affirme que les spéculateurs et les mercantis sont des inflationnistes. Ils ne se contentent pas de la liberté, il leur faut davantage et ceci demande une explication sérieuse.

Au cours de la discussion d'un arrêt célèbre M. l'avocat général Desjardins disait devant la Cour de Cassation en 1898 : « Beaucoup de gens regardent aujourd'hui la spéculation, même sous forme de jeu, comme un mode licite d'appropriation. Cette opinion courante n'est pas la mienne. J'assigne au droit de propriété, pour mon compte, de plus hautes origines. Il a son fondement dans le travail par lequel l'homme met sur les objets susceptibles d'appropriation le sceau de sa personnalité ou n'a pas de fondement... Je ne saurais d'ailleurs méconnaître, la question de pure morale écartée, que la spéculation, sous forme de jeu, concourt utilement à la formation de certaines entreprises, par suite au développement de la richesse publique... »

Il s'agissait de l'interprétation de la loi du 28 mars 1885 sur les marchés à terme ou à livrer et M. l'avocat général Desjardins se faisait l'écho, timide d'ailleurs, des paroles du rapporteur de la loi à la Chambre et au Sénat M. Naquet.

M. Naquet indiquait dans ses différents rapports, d'une part que le développement de l'économie politique a conduit à envisager la spéculation sous un jour nouveau ; d'autre part, que l'examen pratique, aussi bien du reste que l'examen théorique, avait prouvé que la loi ancienne en restreignant la spéculation, la suppression, ou tout au moins la diminution du jeu, n'avait pas atteint du tout son but; que au contraire, les lois sous lesquelles nous vivons encore, malgré les atténuations de la jurisprudence, avaient favorisé le jeu, bien loin de l'empêcher.

« La spéculation, autrefois presque confondue avec le « jeu » et considérée comme un moyen illicite d'acquérir la fortune, a été relevée de son indignité par la science économique ; elle est considérée à cette heure comme un des principaux moyens de production, d'échange, de découverte, comme la force qui met en œuvre les éléments dont se composent le commerce et l'industrie ».

Et M. Naquet rappelle alors la parole de Proudhon :

« La spéculation est à proprement parler le génie de la découverte. C'est elle qui innove, qui pourvoit, qui résout, qui, semblable à l'esprit infini, crée de rien toute chose. Elle est la faculté essentielle de l'économie. Toujours en éveil, inépuisable dans ses ressources, méfiante dans la prospérité, intrépide dans les revers, elle avise, conçoit, raisonne, définit, organise, commande, légifère. Le travail, le capital, le commerce exécutent. Elle est la tête, ils sont les membres. Elle marche en souveraine, ils servent en esclaves. Son action est universelle. Le premier qui laboura un champ, qui enferma du bétail dans un parc, qui fit fermenter du jus de pomme ou de raisin, qui creusa au moyen de la flamme un canot dans un tronc d'arbre fut tout autant spéculateur que celui qui longtemps après imagina la monnaie ou la lettre de change ».

La spéculation ainsi réhabilitée, trouva dans la loi de 1885, sa consécration. La loi de 1885 a eu pour conséquence d'abroger définitivement toute la législation antérieure qui avait cherché à réprimer l'agiotage.

Je crois que Proudhon et M. Naquet ne tiendraient pas le même langage aujourd'hui et que M. l'avocat général Desjardins s'il devait maintenir la première partie de ses conclusions modifierait la seconde. Pour beaucoup de gens la spéculation est le seul mode pratique d'enrichissement rapide. Ils opposent une mentalité nouvelle à l'ancienne mentalité. Il n'est pas question de savoir s'ils ont moralement raison ou tort, il s'agit de savoir au point de vue spécial qui nous occupe quelles seront les conséquences de cette application de principes nouveaux.

Le spéculateur est actif, intelligent, brasseur d'affaires. Il n'admet que des capitaux circulants et circulant rapidement, productifs de richesses immédiates, instables, mais rapportant de gros intérêts et de plus gros dividendes et des parts facilement libérales.

Il rétrocède facilement son entreprise ou l'englobe dans une affaire plus importante, étend sans cesse son champ d'action, truste ou cartellise. Il est l'adversaire né de tous ceux qui recherchent un placement de père de famille, il ne participe pas aux emprunts, les combat, il ne comprend pas qu'on ait des titres de rentes et encore moins des fonds à la caisse d'épargne. Il oppose l'audace à la prudence, la production à l'économie, la spéculation au travail.

Du point où se plaçaient Proudhon et Naquet, le spéculateur est défendable, du point de vue moral, c'est autre chose.

Et du point de vue national que ni Proudhon ni Naquet n'avaient eu à envisager, car la loi de 1885 avait été simplement provoquée par la faillite en 1885 d'un certain nombre d'agents de change de Lyon? il faut avoir le courage d'aller jusqu'au bout et de dire que le spéculateur conduit nécessairement l'État à la banqueroute et voici pourquoi :

Par cela seul qu'il ne comprend pas et n'admet pas l'économie, le spéculateur doit trouver et trouve génante l'obligation de payer des arrérages de rente. Le Budget doit être allégé de ce poids mort. Il retrouvera toute son élasticité lorsqu'il n'y aura plus de crédits rentier. Nous voyons se préciser de plus en plus dans la presse cette pensée que la seule solution c'est d'élever le plafond en remboursant les titres d'État par des billets de banque. Inutile de dire ce que vaudraient ces billets. Les prêteurs seraient remboursés en valeurs d'assignats ou de marks. Mais comme l'inflation aboutirait comme en Allemagne à la dévalorisation du franc et qu'il faudrait revaloriser, on n'y pourrait parvenir qu'en faisant ce qu'on a fait en Allemagne : la suppression de la dette intérieure par la banqueroute.

Lorsque le mark fut tombé au dix-millionnième de sa valeur et encore plus bas, qu'il fut refusé partout, il fallut le revaloriser. Mais il y avait un poids lourd : quatre milliards et demi d'emprunt du Reich d'avant-guerre et quatre vingt neuf milliards d'emprunt de guerre. Il y avait aussi la dette consolidée des États et des communes : soixante milliards. Si l'on continuait à en payer les intérêts, il fallait trois milliards et demi de marks or par an. Alors intervint la troisième ordonnance fiscale de février 1924 qui excluait de la revalorisation tous les emprunts consolidés du Reich, des États et des Communes. C'était la banqueroute.

La rente mark put se créer sur la banqueroute de l'État,

la dévalorisation des créances hypothécaires réduites à 15 p. 100, des obligations réduites à 10 p. 100. Quant aux déposants aux caisses d'Épargne, ils ne furent valorisés que dans la mesure où les caisses d'épargne elles-mêmes bénéficiaient d'une valorisation de leurs fonds, placés en hypothèques et en obligations — autrement dit un pour 1 % environ.

Ce fut un forminable déplacement de fortune au préjudice de la classe moyenne et qui profita aux grosses fortunes.

Je laisse à ceux qui voudraient être complètement édifiés sur les bienfaits de l'inflation, le soin de lire l'ouvrage de Richard Lewinsohn, « Histoire de l'inflation » où j'ai puisé la plupart des renseignements ci-dessus. Ils y liront en même temps l'histoire de Jacob Michael, de Barnatt et de leurs consortiums, dont les lauriers et les milliards empêchent certains de nos spéculateurs de dormir.

Je demande seulement qu'on approfondisse sérieusement le chapitre suivant extrait du même ouvrage, page 362 : « Chose curieuse, le public français n'a pris pleinement conscience de cette dépréciation qu'au moment où au début de 1924, le franc qui se maintenait jusqu'alors à 30 p. 100 environ de sa valeur d'avant-guerre tomba en quelques semaines à 20 p. 100 et que par suite la livre sterling, qui est la monnaie standart à Paris, bondit de 80 à 120 fr. Pour les Allemands qui avaient l'expérience de l'inflation *il était presque comique* de voir la population apprendre dans les journaux et les feuilles volantes ce qu'était l'inflation et *d'observer ainsi qu'on répétait jusque dans les détails les mêmes fautes que l'Allemagne avait commises* les années précédentes. Dans les choses de la monnaie, les peuples voisins, semble-t-il, apprennent difficilement l'un de l'autre. C'est autre chose quand il s'agit de fabriquer des canons ou des gaz toxiques. »

« Il faut, il est vrai, reconnaître au Gouvernement français ce mérite qu'au moment du danger il a mis beaucoup plus d'énergie et de promptitude que jadis le gouvernement allemand à opérer une réforme fiscale et qu'il s'est opposé de toutes ses forces à l'emploi de la presse à billets. Cependant, pour des raisons de prestige, il n'a pas eu le courage d'établir le budget et les impôts sur la base de l'or et de dresser ainsi le rempart le plus sûr contre une nouvelle baisse du franc. Il se contenta d'une action de soutien, exécutée d'ailleurs avec une belle maîtrise technique, et qui *coûta en France* et à l'étranger des centaines de millions aux spéculateurs à la baisse. Bien que la baisse du franc fut enrayée, grâce à l'aide américaine, la confiance du public français, qui venait de goûter à l'arbre de la science de l'inflation monétaire, en resta ébranlée ».

Tout est à retenir de cet avis et à méditer et en ce qui nous occupe plus particulièrement qu'il n'y a pas eu seulement des spéculateurs à l'étranger en 1924, mais aussi en France, qu'il y en a encore et que spéculateurs et partisans de l'inflation se confondent.

Je sais que certaines personnes bien intentionnées croient pouvoir limiter l'inflation, alléger le budget par une revalorisation partielle, n'enlever aux crédits rentiers que la moitié, la toute petite moitié de leur maigre toison ! Ils s'illusionnent. Il ne faut pas goûter, suivant la forte expresssion de Lewinshon, à l'arbre de la science de l'inflation monétaire, si peu que ce soit. Le danger est trop grand et personne au monde n'est capable de limiter les effets d'un incendie ainsi provoqué.

Au surplus les spéculateurs et les commerçants honnêtes seraient les très mauvais marchands de cette tractation. Il y a entre l'Allemagne et nous une différence capitale. L'Allemagne, bloquée pendant la guerre et réduite à ses ressources et à celles de ses alliés, n'a pas eu besoin de recourir à l'étranger. Elle n'a pas eu de dette extérieure. En supprimant sa dette intérieure elle a pu revaloriser une devise. Il n'en serait pas de même en France. Nous avons une dette extérieure et la façon dont l'Amérique et l'Angleterre nous en ont réclamé le paiement ne permet pas de supposer qu'on voudra bien nous en tenir, jamais, quittes.

Il y a mieux : si les conventions récentes avec l'Amérique sont approuvées et elles peuvent l'être car tout est préférable à l'incertitude, la France pourra dans certains cas retarder pendant une période de plusieurs années les paiements. Ce moratoire dépendra de ses disponibilités financières. C'est fort bien et très prudent — mais il y a une contre-partie. Si nos disponibilités augmentent, non seulement nous n'aurons pas de moratoire, mais les réclamations se feront plus âpres car il est toujours facile d'ergoter et de discuter à propos d'un traité.

Notez que si le Gouvernement américain tenu par les clauses formelles du Traité ne demandait pas à titre de versement tout ou partie des sommes impayées à nos crédits rentiers, cette disponibilité, cet allègement n'échapperait pas aux commerçants et aux industriels américains qui s'empresseraient d'augmenter leurs prix en proportion. Il suffit de rappeler ce qui s'est passé en 1914 à propos des blés. L'Etat français voulant faciliter le ravitaillement avait supprimé le droit d'entrée de 7 francs 50, les commerçants américains tinrent ce raisonnement très simple et très ingénieux : puisque l'Etat français dégrève le consommateur de 7 francs 50 par quintal, le consommateur français sera allégé d'autant, il peut donc payer davantage, nous allons augmenter nos prix en conséquence et ce fut fait. Le consommateur français paya le même prix. L'Etat français perdit des millions qui furent encaissés par les intermédiaires à qui seuls ce dégrèvement profita. M. B... qui avait des stocks considérables sous main de douane à Marseille, a déclaré avoir en un seul jour et de ce chef réalisé 750 000 francs de bénéfice. Ce fut une des premières opérations financières de la guerre !

Inutile d'indiquer que la situation économique de l'Angleterre, très grave, ne lui permettra pas de se montrer bienveillante envers ses débiteurs. Elle réclamera, exigera âprement son dû à l'avenir. Elle le doit pour se sauver.

C'est donc au bénéfice de l'étranger que se fera la banqueroute, si elle devait se faire, pas au bénéfice du Français, pas même des spéculateurs.

Dans ces conditions, et pour une fois la morale et l'intérêt étant d'accord, pourquoi ne pas chercher à éviter cette honte et cette catastrophe... en n'écoutant pas le spéculateur dans ses appels intéressés à la liberté économique.

CHAPITRE III

ASSAINISSEMENT FINANCIER LÉGISLATION EN VIGUEUR. PROJET DE LOI

Nous avons vu par les citations de MM. Bokanowski et Lewinsohn ce qu'avait été la crise du franc en 1924. Voyons rapidement ce qui s'est passé depuis lors et quelles mesures ont été prises dans les domaines financier, économique, législatif. Il est superflu d'indiquer que cette étude est objective, en dehors et au-dessus de toute préoccupation politique.

Après la crise de 1924, le Gouvernement Poincaré établit un programme d'assainissement financier sur cette conception que toutes les dépenses publiques doivent être équilibrées par des recettes budgétaires normales. Etablissement du double décime, soit une majoration de 20 % sur tous les impôts existants — programme d'économies.

En 1925, le gouvernement de M. Herriot remplace celui de M. Poincaré : M. Clémentel, ministre des finances. Le gouvernement se trouve en face de 55 milliards de bons de la Défense Nationale dont 22 milliards remboursables dans le courant de l'année. Création du chèque contribution permettant au contribuable de se libérer par anticipation moyennant un escompte de 5 p. 100. L'Etat doit recourir aux avances de la Banque de France, la limite légale de la circulation fixée à 41 milliards depuis 1922 est dépassée. Le 3 avril

1925 M. de Monzie, succède à M. Clémentel et fait porter à 45 milliards le plafond des émissions et à 25 milliards les avances de l'Etat.

Le 10 avril le Ministère Herriot est remplacé par le Ministère Painlevé : M. Caillaux, ministre des finances. Vote du budget de 1925. Relèvement de six milliards de francs pour la marge des avances de la Banque de France à l'État. Insuccès des conférences de Londres et de Washington pour le règlement des dettes à l'Étranger.

Le 28 octobre 1925, M. Painlevé reconstitue son ministère et prend les finances avec M. G. Bonnet comme ministre du Trésor. Le gouvernement propose la consolidation forcée de tous les bons du Trésor arrivant à échéance en 1925. La Chambre refuse. Le ministère Painlevé se retire après avoir fait adopter un nouveau relèvement d'un milliard cinq cents millions pour la marge des avances de la Banque de l'État.

Le gouvernement de M. Briand succède à celui de M. Painlevé — avec trois ministres des finances successifs : M. Loucheur qui fait voter une augmentation de 6 milliards des avances de la Banque de France à l'État — un relèvement du plafond des émissions de 7 milliards et demi — le versement obligatoire avant le 15 janvier 1926 de tous les impôts de 1925 et une majoration rétroactive de 20 à 50 p. 100 de certains impôts de 1925, majoration devant produire trois milliards et demi, destinés à assurer le remboursement des titres de la dette à court terme échéant en décembre. M. Doumer remplace M. Loucheur le 15 décembre 1925 avec comme programme une utilisation plus large des impôts de consommation. M. Raoul Péret lui succède, obtient le vote du budget. M. Henri Bérenger sénateur, ambassadeur en Amérique traite avec les États-Unis pour le règlement de notre dette. Pourparlers avec l'Angleterre. Contribution volontaire.

Malgré toutes les bonnes volontés, tous les efforts successifs et dévouements combinés le franc baisse. Nous assistons à ce phénomène que la livre atteint son point le plus élevé, 179, au moment où la France en pleine production, sans troubles, ni grèves, vient de faire le plus sérieux effort pour assainir sa situation et traiter du règlement de sa dette avec l'Étranger. Si quelque chose peut donner confiance, c'est l'attitude très nette de notre pays, la volonté de son effort. Résultat négatif. Le 20 mai, la livre atteint 179 pour tomber le lendemain à 163, sans qu'il y ait eu quoi que ce soit au point de vue social, politique ou économique, qui pût justifier la montée et la chute en quelques heures.

La Bourse a fonctionné mécaniquement sous le double effet de la spéculation extérieure et intérieure et l'on discute toujours de production, d'économies, de confiance politique, d'union, que sais-je encore, mais contre la spéculation extérieure rien de sérieux et contre la spéculation intérieure pas le plus petit effort. Elle est cependant vivante — réelle — reconnue par tous. Le public spécule à outrance, librement. Les spéculateurs calculent à coup sûr sur la baisse du franc, car lorsque la livre a fait un bond elle ne revient jamais au palier de départ, le marge est donc certaine et le bénéfice sûr.

Depuis le jour où l'on a abrogé l'art. 10 de la loi du 20 avril 1916 — qui en ce qui concerne la spéculation sur les changes aurait pu être utilisé — la législation créée est seulement fiscale et ne permet pas de poursuivre ni d'atteindre la spéculation. Seule la loi du 12 février 1924 tendant à réprimer ces atteintes au crédit de l'État est une loi de police et de sûreté générale.

Dès juillet 1917 le ministre des finances avait institué une commission permanente des changes pour étudier et préparer toutes mesures utiles. J'ignore ce qu'elle a proposé, c'est peut-être cette commission que vient de remplacer un comité de techniciens, d'une compétence financière certaine. Je souhaite que, par principe, ce comité uniquement préoccupé de technique financière comme l'ancienne commission, n'écarte pas de la discussion tout ce qui a trait à la spéculation.

Nous donnons aux annexes le texte intégral des lois et règlements en ce qui concerne la tenue du registre des changes, le contrôle de l'achat des devises étrangères, l'évasion des capitaux, le rapatriement des capitaux montant du prix des marchandises exportées. Il suffit de lire les art. 13 et 14 de la loi des finances du 28 février 1921 (Bulletin législatif Dalloz 1921, page 80) pour être fixé sur le caractère de ces lois. — Art. 13, § 1er. « Les dispositions de la loi du 3 avril 1918 réglementant l'exportation des capitaux et l'importation des titres et valeurs mobilières sont maintenues en vigueur... » § 2 « Les poursuites ne *pourront être exercées qu'à la requête du Ministre des Finances ; le Ministre des Finances est autorisé à transiger et le retrait de sa plainte avant le jugement entraîne l'abandon des poursuites.* — Art. 14 relatif aux répertoires des opérations de change : mêmes dispositions que dessus ». La législation qui a suivi a réédité soigneusement les mêmes prescriptions et la loi du 12 février 1924 sur les atteintes au crédit de l'État ne les a pas abrogées.

Nous nous trouvons donc en présence d'une législation qui ne permet pas au Ministère public de rechercher et de poursuivre les infractions à des lois spéciales, alors que ces infractions constituent, toutes et spécialement, les atteintes au crédit de l'État que les Parquets ont mission de réprimer en vertu de la loi du 12 février 1924. Nous verrons au cours de la discussion juridique comment s'explique cette flagrante anomalie qui frappe d'impuissance et les lois spéciales et la loi du 12 février 1924. Il n'est pas surprenant dans ces conditions que les partisans intéressés de la liberté s'élèvent contre cette législation inutile. Elle n'est pas qu'inutile, elle est dangereuse, parce que ne réprimant rien, elle donne l'apparence d'une protection, alors que cette protection n'existe pas. Elle ne protège ni le consommateur, ni l'Etat, mais seulement la spéculation.

Je n'ai pas la phobie de la spéculation et je sais lui attribuer sa part dans la crise que nous traversons, mais mon expérience journalière de près de dix ans m'a permis de la suivre très attentivement sous toutes ses formes. Le projet que je soumets n'est qu'une esquisse qui pourrait compléter les dispositions de la loi du 12 février 1924 ou se compléter des dispositions de cette loi notamment en ce qui concerne les dispositions de l'article 1er visant les faits faux ou calomnieux et le retrait des fonds des caisses publiques.

PROJET DE LOI

Tendant à la répression de la spéculation sur les changes

CHAPITRE PREMIER

SANCTIONS CIVILES

Article premier. — Pendant la durée d'application de la présente loi, les effets de la loi du 28 mars 1885 sur les marchés à terme seront suspendus en tout ce qui concerne le change des monnaies.

En conséquence les tractations sur les devises françaises et étrangères qui ne seront pas nécessitées par les besoins industriels ou commerciaux, besoins immédiats des approvisionnements, ou besoins médiats des légitimes prévisions, et ne constitueront qu'un pari ou un jeu sur la hausse ou la baisse des changes sont illicites. Ces tractations ne pourront ni au principal, ni par voie incidente, ni même pour mesures conservatoires, donner ouverture à une action en justice. La nullité est d'ordre public.

Cette nullité sera opposable à tous intermédiaires qu'il s'agisse de rémunérations, commissions, intérêts, agios, assurances, ou garanties de n'importe quelle nature et sous quelque forme que se dissimule l'opération. Elle est opposable aux intermédiaires étrangers résidant en France ou n'y ayant qu'une succursale, même pour les tractations passées à l'étranger, même pour les biens dont les lois spéciales leur laissent la propriété et la disposition en France. Les clauses d'exonération ou de renonciation au droit d'invoquer la nullité sont nulles et non avenues.

Les dispositions des art. 2123 du code civil et 546 du code de procédure civile ne seront pas appliquées aux décisions rendues par les tribunaux étrangers en la matière et l'exequatur sera refusé.

CHAPITRE II

SANCTIONS PÉNALES

Article premier. — Seront punis des peines portées aux articles suivants :

1° Tous ceux qui pendant la durée d'application de la présente loi, soit personnellement, soit en tant que chargés à un titre quelconque de la direction ou de l'administration de toute société ou association, même sans emploi de moyens frauduleux, auront spéculé ou tenté de spéculer illicitement sur les changes en se livrant sur les devises à des tractations que ne nécessitaient ni les besoins immédiats de leurs approvisionnements, ni les besoins médiats ou légitimes prévisions de leur commerce et de leur industrie et auront ainsi parié ou joué sur la hausse ou sur la baisse des devises.

Notamment et à titre simplement indicatif seront punis...

A) Tous ceux qui, n'étant ni industriels ni commerçants et n'exerçant habituellement ni commerce ni industrie, auront même occasionnellement acheté des devises étrangères, à terme ou au comptant.

Seuls pourront s'en procurer les étrangers de passage en France sur la production de pièces d'identités avec photographie, provenant de leur Consulat, de leur Ambassade, ou des autorités de leur pays. Ces acquisitions ne pourront en aucun cas être faites à terme et la rétrocession — autrement que sous forme de paiement — constituera un délit pour le cédant et le cessionnaire.

B) Les commerçants et industriels qui ne se seront pas strictement conformés aux prescriptions législatives ou réglementaires se référant à l'évasion des capitaux, à la tenue du registre des changes, au contrôle de l'achat des devises étrangères, au rapatriement des capitaux montant de marchandises exportées et les commerçants ou industriels qui auront spéculé sur la détention prolongée des traites en devises étrangères ou qui auront dans les affaires ne portant *que sur des transactions du marché intérieur* stipulé le paiement en monnaies étrangères ou en monnaies françaises augmentées d'une prime ou stipulé le paiement d'une manière quelconque tendant à la non stipulation en francs — ou qui auront affiché les prix des denrées et marchandises ou facturé les denrées et marchandises en devises étrangères.

C) Les intermédiaires de toute nature, particuliers ou sociétés français ou étrangers qui même sans emploi de moyens frauduleux auront aidé ou facilité, tenté d'aider ou de faciliter les auteurs des délits ci-dessus spécifiés.

Article 2. — Dans le délai d'un mois à partir de la promulgation de la présente loi, tous les détenteurs de devises étrangères sans exception, même précaires — sociétés ou particuliers — français ou étrangers — seront tenus d'en faire la déclaration dans les formes prescrites par l'arrêté rendu en exécution de la présente loi par les Ministres de la justice des finances et du commerce et de l'industrie.

La détention des devises étrangères non déclarées ou faussement ou insuffisamment déclarées constitue un délit.

Article 3. — La législation fiscale en vigueur sur la tenue du registre des changes, le contrôle de l'achat des devises étrangères, l'évasion des capitaux, le rapatriement des capitaux montant de marchandises exportées conservera les sanctions appropriées au point de vue fiscal. Elle ne fera pas obstacle à la recherche et à la répression des infractions prévues à la présente loi qui demeurent soumises aux règles du code pénal et du code d'instruction criminelle.

Article 4. — Pénalités de la loi du 12 février 1924, article 2, pour toutes les infractions prévues à l'article premier et à l'article 2 de la présente loi — confiscation au bénéfice de la caisse d'amortissement.

— Pénalités de l'article 3 de la loi du 12 février 1924 — en cas d'emploi de moyens frauduleux.

— Reprise de l'article 4 et de l'article 5 de la loi du 12 février 1924.

Article 5. — Les infractions à la présente loi seront recherchées rétroactivement depuis le 15 février 1924, date de promulgation et d'application de la loi du 12 février 1924 sur les atteintes au crédit de l'État.

Deuxième Partie

CONTRIBUTION JURIDIQUE A LA SOLUTION DU PROBLÈME

CHAPITRE PREMIER

FICTION DU PROJET DE LOI POUR ARRIVER A UNE DISCUSSION SÉRIEUSE ET DÉTAILLÉE

Mais il ne suffit pas de découdre... ou de critiquer, il faut arriver à une solution pratique puisqu'aussi bien toutes celles qui ont été proposées ou tentées n'ont abouti à rien. A cette solution nous apportons quelques matériaux. Hâtons-nous de dire qu'ils sont de fabrication plutôt ancienne et que nous comptons surtout sur la façon dont ils seront employés. C'est une affaire de méthode et d'énergie. Pour les matériaux que nous utilisons, si anciens soient-ils, ils sont encore bons et ont tout au moins l'avantage d'avoir supporté l'épreuve du temps et du mauvais temps. Quant à la méthode, il en faudra discuter.

Pour arriver à cette discussion des principes et de la méthode, j'ai employé la fiction du projet de loi et je m'en excuse. Ce n'est qu'un moyen, après une discussion générale sur la spéculation qui ne peut être que théorique, d'aborder le problème pratiquement dans le détail. J'avoue même qu'à ce point de vue, je suis allé très loin dans le luxe du détail. Je l'ai fait volontairement pour montrer pourquoi et comment les meilleures lois demeurent lettres mortes.

Les magistrats constatent depuis de longues années l'inutilité des efforts du législateur et des efforts du juge. Les meilleures volontés viennent s'abattre découragées et impuissantes dans le vide, effilochées par une sorte d'anarchie qui pour être légale, n'en est pas moins de l'anarchie et aboutit à l'énervement de la répression. Des voix plus autorisées que la mienne pourraient dire cela, mais je parle d'expérience et de choses que je vois tous les jours. Avec la lenteur et la complication de nos procédures criminelles, les expertises, les voies de recours ordinaires et extraordinaires, il est toujours possible à un prévenu d'entrevoir, malgré la faute, l'absolution de l'amnistie, si lointaine qu'elle puisse paraître, à moins que en cours de route, la prévention ne se casse les reins dans quelque fondrière.

Des sanctions civiles

Il peut sembler inélégant au point de vue juridique de juxtaposer dans un projet de loi des sanctions civiles et la répression pénale. C'est qu'en l'espèce la répression n'est pas le but, mais un moyen. Le but c'est le redressement du franc. Je ne me préoccupe pas, bien que ce fut louable, de sanctionner le jeu, en matière de changes, par des peines appropriées. Ce serait peut-être en l'état de nos mœurs et du succès des loteries une grande naïveté. Peut-être même, hors le côté moral, le jeu est-il comme les langues que louait et critiquait tour à tour Ésope? Je me préoccupe surtout d'arrêter par tous les moyens la chute du franc et de hâter sa remontée. Dès lors il faut parler aux gens le langage qu'ils comprennent le mieux. Pour certains, les considérations d'ordre moral ou patriotique sont incompréhensibles, pour quelques-uns les sanctions pénales ou leurs menaces ne causent aucun effroi mais il n'en est pas de même des questions d'intérêts. Dire aux agioteurs : prenez garde, vous pouvez gagner gros à votre jeu, mais vous pouvez aussi vous ruiner, car nous allons donner à vos cocontractants le droit d'invoquer devant les tribunaux civils et commerciaux, l'exception tirée de l'art. 1965 et nous vous refuserons à vous le droit d'action, c'est leur tenir un raisonnement qu'ils comprendront. Ils se connaissent bien entre eux et se jugent très exactement. Plus de gain sûr, plus de contrat — spéculation inutile.

Mais pourquoi le dire et l'article 1965 n'est-il pas inscrit dans nos codes? Ne l'invoquait-on pas récemment à propos des chèques sans provision? L'article 1965 fait partie du vieil arsenal de nos lois, mais en vertu de la loi du 22 mars 1885 il est inapplicable dans les marchés à terme ou à livrer. Toutes les tractations à terme sur les changes sont régies par cette loi et tant que les effets de la loi ne seront pas suspendus en cette matière particulière, aucune sanction ni civile ni pénale ne sera possible. C'est ce qu'ont perdu complètement de vue les auteurs des différentes propositions et solutions jusqu'à cette heure.

Je n'ignore pas les difficultés de l'entreprise et je sais qu'elle se heurtera à une formidable hostilité, parce que les spéculateurs tiennent la discussion pour épuisée et n'admettront jamais la restauration dans notre droit civil ou pénal de la jurisprudence antérieure à la loi du 22 mars 1885. La puissance de leur hostilité sera la pierre de touche d'efficacité de la méthode.

Il n'est que trop certain aussi que le commerce honnête verra de très mauvais œil ce retour à une jurisprudence ancienne, par crainte de gêne et d'inutiles vexations. C'est cette préoccupation qui avait inspiré la jurisprudence sous le régime de l'article 10 de la loi du 20 avril 1916. Il avait été indiqué par le Ministère Public devant le tribunal de Marseille que la loi nouvelle abrogeait tacitement la loi du 22 mars 1885, la cour d'Aix a répondu le 8 février 1918 — [affaire Vasilakis].

« Attendu que c'est une loi de circonstance, que les événements de la guerre rendaient indispensables à la sécurité nationale, que c'est pour cela d'ailleurs que le législateur en a expressément limité l'application à la période des hostilités... qu'il était en effet nécessaire à l'heure où une foule de libertés sont restreintes et où la masse de la nation est soumise à des sacrifices de toute nature, que fut limitée aussi pour la sauvegarde du consommateur la liberté de l'agiotage, qu'après les longs débats auxquels a donné lieu le projet de loi, en présence de son texte définitif, nul ne pouvait se méprendre sur sa portée momentanément restrictive du grand principe de la liberté commerciale ; que sans abroger la loi du 22 mars 1885, elle en a explicitement réduit l'exercice dans les limites qu'elle a prévues ».

Le juge ne pouvait aller plus loin que le législateur et il a interprété certainement avec sagesse, mais à notre sens avec trop de prudence, le silence du législateur. C'est pour éviter cet excès de prudence, qui a paralysé l'action publique sous le régime de la loi de 1916, que je demande, dès le début, la déclaration formelle d'abrogation de la loi du 22 mars 1885.

Je demande surtout cette abrogation parce que je suis convaincu qu'elle peut avoir une influence considérable sur les tractations en matière de change. Quelques bonnes leçons et quelques faillites auraient un retentissement certain sur l'avenir de la spéculation en cette matière. La plupart des spéculateurs étrangers ont des correspondants en France qui n'hésiteraient pas, le cas échéant, à se prévaloir d'une législation protectrice.

D'ailleurs le champ d'expérience est réduit, il ne s'agit pas de l'interdiction momentanée des marchés à terme ou à livrer en général, mais seulement de l'interdiction des marchés *à terme* en matière de change et lorsque ces marchés sont des tractations de *spéculation pure*. Tous les marchés *à livrer* sur denrées ou marchandises sont et demeurent régis par la loi du 22 mars 1885. Dès lors si je comprends les protestations des spéculateurs, je comprendrais beaucoup moins les protestations du négoce loyal, au cas ou ce marché spéculatif à terme serait supprimé ou rétréci en matière de changes.

La jurisprudence avant la loi du 22 mars 1885

Voyons, au point de vue pratique, quelles seraient les conséquences du retour à la jurisprudence antérieure à 1885 et, pour ce faire, examinons rapidement cette jurisprudence.

La validité des marchés à terme sur valeurs de bourse et des marchés à livrer sur denrées et marchandises a été de tout temps discutée. La doctrine et la jurisprudence monarchiques n'avaient pas été abrogées par la Révolution. Elles étaient très rigoureuses et prononçaient la nullité absolue des marchés, toutes les fois que les parties n'avaient pas en leur possession, au moment de la formation du contrat ou les titres ou les capitaux. Une atténuation intervint provoquée par le développement industriel et commercial. De 1824 à 1840 les marchés à terme, même passés à découvert, étaient, validés en principe, mais la jurisprudence établissait une distinction essentielle. Si les parties avaient voulu faire un simple pari, un jeu sur les variations des cours, les articles 1965 et suivants du code civil restaient applicables, si au contraire les parties avaient voulu se livrer à une opération sincère qui devait aboutir à la livraison contre paiement du prix, l'opération était valable. La nullité était d'ordre public et devait être appliquée d'office (D. P. 73. 2. 240).

Il y avait là une extension de l'hypothèse du pari. Les juges n'avaient plus en présence deux personnes ayant passé entre elles des conventions. Il était difficile de savoir s'il s'agissait d'une opération réelle ou fictive et le juge s'attachait alors à l'examen de certaines indices, comme la profession et les habitudes du donneur d'ordre, sa situation de fortune et l'importance du marché. En ce qui concernait l'intermédiaire, s'il avait pu raisonnablement ignorer l'intention de jouer chez son client, l'exception ne lui était pas opposable.

Le principe sur lequel se fondait cette jurisprudence était moral, « elle se proposait de réfréner les jeux de bourse en menaçant les intermédiaires qui s'y prêtaient d'un refus d'action. Malheureusement le but visé n'était pas atteint parce que les agents de change ne pouvaient matériellement se livrer avant d'accepter les ordres à des enquêtes sur la situation de fortune et les habitudes de leurs clients. D'autre part la mauvaise foi des joueurs se trouvait encouragée puisqu'ils étaient sûrs en cas de gain d'encaisser la différence et que, dans le cas contraire, ils avaient la ressource d'invoquer l'article 1965. Tout au plus étaient-ils exposés à perdre leur couverture... Du reste aux époques de crises, les couvertures deviennent rapidement insuffisantes, les intermédiaires en firent à leurs dépens la cruelle expérience lors de la crise financière de 1882. Les catastrophes qui s'en suivirent, notamment sur la place de Lyon où plusieurs agents de change furent déclarés en faillite provoquèrent une vive émotion et déterminèrent un courant d'opinion favorable à la suppression de l'exception de jeu en matière de marché à terme » (Note Lacour sous arrêt du 22 juin 1898, D. P. 99 1. 5).

Il y avait eu après la loi du 22 mars 1885 quelques hésitations bien compréhensibles dans la jurisprudence ; les tribunaux admettaient difficilement le triomphe brutal et définitif de la spéculation, mais il fallut s'incliner lorsque la Cour Suprême rendit le 22 juin 1898 une décision de principe qui ne laissait plus de place aux hésitations. Elle tient en quelques lignes : « lorsque les opérations soit sur effets publics et autres, soit sur denrées et marchandises ont pris la forme de marchés à terme ou de marchés à livrer, la loi du 22 mars 1885 dont la disposition est essentiellement impérative interdit aux parties d'invoquer l'exception de jeu et au juge de rechercher l'intention des parties ».

Rien n'est venu modifier ni explicitement ni implicitement la loi du 22 mars 1885 et la jurisprudence de 1898. Tous ceux qui à terme achètent des livres ou des dollars peuvent les invoquer *et les juges n'auront pas le droit d'examiner le contrat en lui-même et de rechercher l'intention des parties.* La législation récente citée dans le chapitre précédent n'entrave pas ce principe et laisse entière la loi du 23 mars 1885. Il faudra l'abroger expressément, si l'on veut faire œuvre utile.

Cela fait, nous aurons pris contre la spéculation avec les changes une sérieuse précaution, bien que d'ordre négatif. Pourquoi ne le ferait-on pas? Parce que nous forgerions une nouvelle loi de circonstance dérogative du droit commun? Notez que ce droit commun en l'espèce est aujourd'hui très sérieusement contesté au point de vue social et plus particulièrement au point de vue économique financier et national.

Déjà au moment où la Cour Suprême rendait l'arrêt du 22 juin 1898, des protestations se faisaient entendre et M. Lacour, l'annotateur même de l'arrêt ci-dessus rapporté écrivait: « Est-il vrai comme le pense M. l'avocat général Desjardins que l'éducation du grand public en matière d'affaires financières soit aujourd'hui assez avancée pour qu'on doive refuser de s'apitoyer sur le sort des imprudents qui, entraînés par des intermédiaires sans scrupules, gaspillent leurs fortunes et compromettent l'avenir de leur famille dans des opérations désastreuses ».

« Cette question ne manquera pas de soulever des contradictions très vives. On peut soutenir que la société toute entière est intéressée à empêcher la dilapidation stérile des patrimoines et qu'il y a pour le législateur des mesures de précautions à prendre. *Il ne faut pas s'attendre à une résurrection de l'exception du jeu dans le domaine des affaires de bourse.* Dans l'ordre d'idées qui vient d'être indiqué on pourrait recourir à d'autres moyens qui, sans offrir les mêmes inconvénients seraient peut-être plus efficaces. On a déjà proposé d'édicter comme en Allemagne des pénalités sévères contre les intermédiaires qui, pour obtenir des ordres, abusent de la légèreté et de l'ignorance de leurs clients. La loi allemande de 1896 sur les bourses est allée plus avant dans la loi de la protection. Elle déclare incapables de passer des marchés à terme toutes les personnes qui n'ont acquis grâce à leur profession même l'expérience des affaires à moins qu'elles ne se soient préalablement fait inscrire sur un registre public spécial moyennant le paiement d'une certaine taxe. Serait-ce là un exemple à suivre? Il est impossible ici d'entrer dans l'examen de ces graves questions. *Le jour n'est peut-être pas éloigné où elles s'imposeront à l'attention des publicistes* et des hommes politiques. Les conditions dans lesquelles vient de s'accomplir la réorganisation du marché financier par les trois décrets du mois de juin dernier (juin 1898) semblent démontrer qu'en haut lieu on se préoccupe moins à l'heure actuelle de favoriser le développement de la spéculation que de faire respecter le privilège des agents de change et d'augmenter la sécurité du public dans ses rapports avec eux. Ne faut-il pas y voir l'indice d'un commencement de réaction contre les idées qui ont inspiré la loi de 1885 ? »

Il ne s'agit plus maintenant d'empêcher quelques catastrophes privées, mais une catastrophe nationale. Il n'est plus question d'empêcher la dilapidation de quelques fortunes privées, mais la ruine de notre crédit national, de notre devise nationale et s'il ne faut pas s'attendre à la résurrection de jeu en matière de titres, rentes ou autres effets publics, les circonstances exigent cette résurrection dans les matières de change. La nation n'est-elle pas soumise à tous les sacrifices et notre situation financière ne mérite-t-elle pas une intervention rapide et efficace, même brutale.

Interprétant l'article 10 de la loi du 20 avril 1916 la cour d'Aix (arrêt Fraggi du 8 février 1918) disait : « Le législateur ne s'est proposé d'autre but que d'empêcher les causes artificielles du renchérissement des marchandises — il a donc entendu non point élever une présomption de fraude contre le commerce et la spéculation qui en est, en principe, l'âme, mais prévenir et réprimer les abus et protéger contre eux à la fois le consommateur auquel s'imposent des restrictions toujours plus lourdes et le négociant honorable qui, sans désir immodéré de bénéfices poursuit le fonctionnement normal de son commerce et aide, par les moyens loyaux, au ravitaillement de la population ». Qu'on applique ces idées aux affaires de change. Continuez à chanter un hymne à la spéculation quand il s'agira d'entreprises commerciales ou industrielles mais, de grâce, qu'on mette une bonne fois pour toutes un terme aux agissements de ceux qui volontairement ruinent notre pays en spéculant sur notre devise.

C'est l'intérêt de tous, c'est surtout l'intérêt des commerçants honnêtes qui ne peuvent faire aucun calcul rigoureux, aucune prévision budgétaire sérieuse avec une monnaie dépréciée et qui varie de plusieurs points dans la même journée.

En quoi dans cette manière spéciale des changes la spéculation peut-elle être génératrice de richesse, en quoi peut-elle augmenter la fortune publique ? Lorsqu'il s'agit d'entreprises industrielles et commerciales, je comprends le rôle de la spéculation bien que je ne partage pas l'opinion un peu simpliste qui voit dans la spéculation l'âme véritable, le substratum du commerce. On confond dans ce cas deux choses dissemblables, l'esprit d'entreprise et l'esprit de lucre. Les donneurs de chiquenaudes initiales, les propulseurs, les animateurs ne sont pas nécessairement des spéculateurs à basse mentalité d'esprit de lucre. Ce ne sont pas certainement des idéologues ou des rêveurs, mais des hommes d'action. Ils aiment souvent l'action pour elle-même, pour la plénitude de vie qu'elle procure et reprennent ainsi la vieille formule grecque : « c'est dans l'action que semble consister le bonheur ». Les spéculateurs que n'inspire que l'esprit de lucre détruisent plus souvent qu'ils ne créent et bâtissent leur fortune sur des ruines. En matière de changes, ils ont tour à tour spéculé sur le mark allemand et sur le rouble russe, car la révolution russe s'est doublée d'une crise monétaire. Ils s'attaquent maintenant au franc français et belge, au lei roumain, à la lire italienne. Ils seront plus ambitieux demain et monteront à l'assaut du dollar et de la livre. L'esprit d'entreprise peut créer des capitaines, la spéculation ne facilite que les chevaliers d'industrie.

On se demande à certains moments par quelle aberration les peuples et les gouvernements coalisés n'imposent pas la force de leur volonté internationale à quelques malfaiteurs internationaux. Il y a là aussi une question de sécurité. *Hodie Mihi, cras Tibi.* La véritable et la plus efficace solution serait la solution internationale, elle serait la plus redoutée, mais en attendant la réalisation de ce rêve... *sed motos præstat componere fluctus.*

CHAPITRE II

SANCTIONS PÉNALES

La loi du 28 mars 1885 sur les marchés à terme en matière de devises françaises et étrangères étant abrogée, ou ses effets étant suspendus explicitement pendant la durée d'application de la loi à intervenir, le critérium du délit de spéculation illicite en matière de spéculation sur les changes se trouve dès lors dans l'article 1965 et la loi pénale peut être formulée ainsi qu'il suit :

« Seront punis des peines portées aux articles suivants tous ceux qui pendant la durée d'application de la présente loi soit personnellement, soit en tant que chargés à un titre quelconque de la direction ou de l'administration de toutes sociétés ou associations, même sans emploi de moyens frauduleux, auront spéculé sur les changes ou tenté de spéculer sur les changes en se livrant à des tractations que ne nécessitaient ni les besoins de leur approvisionnement industriels commerciaux, *besoins immédiats,* ni les légitimes prévisions *besoins médiats* de leur commerce ou de leur industrie et auront ainsi parié ou joué sur la hausse ou la baisse des devises françaises et étrangères ».

Seront notamment...

Le projet énumère les principales spéculations illicites actuelles, celles qui se pratiquent le plus couramment, mais il est bien évident que l'énumération ne peut être limitative car il faut en cette matière, plus qu'en toute autre, tenir compte de l'ingéniosité des fraudeurs. Le juge trouvera aussi des éléments d'appréciation dans la jurisprudence antérieure à 1885, jurisprudence qui n'est elle, également, qu'indicative.

Ce que nous avons surtout voulu éviter c'est l'écueil sur lequel est venu se briser la loi du 20 avril 1916, ou l'un deux. Dans l'article 10, le législateur n'avait employé qu'une formule vague, élastique, laissant au juge le soin de définir lui-même la spéculation illicite qu'il venait de créer de toutes pièces. Les tribunaux se trouvèrent en présence d'usages commerciaux immémoriaux qu'on ne pouvait déclarer illégaux, puisqu'ils étaient sanctionnés par des lois, mais dont l'emploi aboutissait à une spéculation illicite. Ainsi : le warrantement, les avances sur marchandises, le règlement en filière. Par simplification, les tribunaux, contrairement à la volonté nettement indiquée du législateur, en étaient arrivés à voir la spéculation dans le bénéfice exagéré. Or, le bénéfice, variant nécessairement suivant l'importance du commerce et de l'industrie ou de leurs aléas, devant être plus important notamment, à cause des risques, dans les affaires d'importation, ne pouvait pas être le critérium de la spéculation illicite, sans soulever l'indignation de tout le commerce honnête. C'est ce qui se produisit. Au bénéfice de ces légitimes protestations, la loi a disparu et les spéculateurs ont marqué le jour d'une pierre blanche.

Tout autre eût été le sort de la loi du 20 avril 1916 si en abrogeant, comm nous l'avions déjà demandé à ce moment, la loi du 28 mars 1885, l'article 1965 avait servi de critérium. Le texte s'éclairait naturellement. Toute transaction qui n'était pas nécessaire aux besoins des approvisionnements, besoins immédiats, ou aux légitimes prévisions, besoins médiats, et ne constituait qu'une différence sur le papier, un jeu, devenait spéculation illicite. Il fallait expressément abroger la loi du 28 mars 1885. On n'y a pas songé tout d'abord, puis on n'a pas osé et l'insuccès de la loi de 1916 comme de toutes lois en pareille matière a été et sera la conséquence de cette imprudence.

Moyens employés

L'emploi de moyens frauduleux n'est pas nécessaire pour commettre le délit. Tous les spécialistes de la procédure criminelle savent combien il est difficile de déterminer les moyens frauduleux et surtout leur emploi. Cette difficulté est de telle nature que l'article 419 du code pénal est devenu le bouclier protecteur des délinquants. A chaque période de crise, à l'éclosion d'un nouveau scandale, on demande la refonte de l'article 419, mais le temps presse, c'est une étude de longue haleine, dont on exagère assez volontiers l'importance, il faut aller au plus pressé et on fabrique tant bien que mal une loi de circonstance. La crise passée, l'article 419 reprend son empire et continue sa néfaste protection.

« L'article 419 du code pénal, considéré dans son ensemble et réduit à sa formule théorique, substantielle, punit quiconque opère par des moyens frauduleux quelconques la hausse ou la baisse du prix des denrées ou marchandises au-dessus ou au-dessous des prix qu'aurait déterminé la concurrence naturelle et libre du commerce ». L'infraction se compose de deux éléments, l'avènement de la hausse ou de la baisse, l'emploi de moyens frauduleux. La simple tentative n'est pas punissable. Les moyens, quels qu'ils soient, employés pour hausser les cours ne tombent malgré leur caractère frauduleux sous l'application de la loi pénale qu'autant que ce résultat a été obtenu (D. P. 93. 1. 49 note de M. L. Sarrut).

Autant dire que l'article 419 est inapplicable et de fait il n'a jamais été sérieusement appliqué. C'est ce qui explique qu'on y tienne tant. Soyez persuadé que toutes les fois qu'un texte législatif se réfère à l'article 419 pour le principe ou l'application de la peine, c'est que les habiles ont pris leurs précautions.

La Chambre, en mars 1924, répondant à quelques préoccupations passagères, depuis lors oubliées, a tenté la réforme des articles 419 et 420 et a voté le texte suivant :

Article 419 : « Tous ceux qui par des faits faux ou calomnieux semés sciemment dans le public, par des offres jetées sur le marché à dessein de troubler les cours, par des suroffres faites aux prix que demandent les vendeurs eux-mêmes, par des voies ou moyens frauduleux quelconques.

« 2° Ou qui agissant individuellement ou par réunion ou coalition auront exercé sur le marché une action dans le but de se procurer un gain qui ne serait pas le résultat naturel du jeu naturel de l'offre et de la demande,

« Auront directement ou par personne interposée opéré ou tenté d'opérer, maintenu ou tenté de maintenir la hausse ou la baisse artificielle du prix des denrées ou marchandises ou des effets publics ou privés seront punis, etc...

« Ceux qui seront convaincus de s'être coalisés pour commettre le délit ne bénéficieront pas de l'article 463 du code pénal, ni de la loi du 26 mars 1891 ».

Je m'excuse de mon irrévérence grande, mais je suis obligé de dire que fort heureusement cette loi n'a pas vu le jour et n'a été adoptée que par la Chambre. Elle eut été mort-née. Elle présentait tous les inconvénients de la loi du 20 avril 1916 et quelques autres. Même imprécision. Qu'est-ce qu'une action exercée sur le marché dans le but de se procurer un gain qui ne serait pas le résultat du jeu naturel de l'offre et de la demande? Y a-t-il même aux époques troublées comme la nôtre un jeu naturel de l'offre et de la demande? En dehors de l'énumération précise de l'ancien article 419 (offre, suroffre, faits faux ou calomnieux) la loi revenait aux voies ou moyens frauduleux qui ont rendu l'article 419 inapplicable. Le champ des discussions était ouvert et bien ouvert et il était immense ! Ajoutez à cela l'ironique aggravation de la coalition qui ne permettait pas l'application des circonstances atténuantes ou de la loi de sursis. La coalition, juridiquement, c'est l'entente entre les principaux détenteurs de la marchandise sur laquelle on traite. Elle était possible au bon vieux temps, elle ne l'est plus, ou ce qui revient au même et il n'est pas possible de l'établir, à notre époque d'interpénétration internationale et de stocks immenses. C'est précisément parce que cette preuve n'a jamais pu être rapportée que l'article 419 est toujours demeuré lettre morte et qu'à des scandales retentissants ont du répondre des acquittements imposés à la conscience du juge par le texte même du législateur. Toutes les précautions avaient été bien pesées et minutieusement, pour que la nouvelle législation eut encore moins de succès que la législation de 1916.

Ecoutez l'article 3 de ce projet :

« Dans les cas prévus à l'article premier de la présente loi le tribunal ne pourra être saisi que par le renvoi qui lui sera fait conformément aux dispositions de l'article 130 du code d'instruction criminelle. En cas d'expertise, à l'expert nommé par le juge d'instruction pourra être adjoint un expert nommé par le prévenu et un tiers expert départagera les deux autres en cas de conclusions contradictoires ».

Autrement dit plus de procédure de flagrant délit ou de citation directe trop rapides et trop dangereuses pour les mercantis, ce qu'il fallait c'étaient les longues discussions de l'instruction avec des experts qui n'étaient plus ceux de la justice, tout le maquis de la procédure criminelle et au bout, par lassitude, nullité, recours en grâce, ou amnistie : l'absolution.

Ce projet aura du moins servi à nous mettre en garde et à prévenir les pouvoirs publics que les spéculateurs n'étaient pas seulement des hommes de caractère, mais aussi des compétences techniques au point de vue juridique.

Nous écartons donc délibérément les écueils dits emploi de moyens frauduleux, coalition, et, après une définition simple, générale et aussi claire que possible, notre projet énumère quelques moyens de spéculations que nous allons examiner en détail.

CHAPITRE III

ACHATS DE DEVISES ÉTRANGÈRES PAR LES PARTICULIERS

« Seront punis des peines... tous ceux qui, n'étant ni industriels ni commerçants patentés et n'étant pas inscrits au répertoire du commerce spéculent sur les changes en achetant sans nécessité industrielle ou commerciale des devises étrangères à terme ou au comptant. »

Richard Lewinsohn a signalé la folie de spéculation qui s'était emparée aux environs de 1921 du public allemand : » A cette époque-là, le public ne cherche pas à garder son argent et à le protéger contre la dévalorisation ultérieure, ce qu'on veut, c'est l'augmenter. La crainte de la période d'avant-guerre est tombée. Les emprunts, on le voit bien, ne valent plus rien, les revenus des titres de rente fondent de plus en plus et l'on est forcé de se mettre en quête d'autres possibilités de gains. Or, à la Bourse, tout est si sûr et sans risques ! A part de petites fluctuations, les valeurs montent presque en ligne droite. Pourquoi n'y participerait-on pas ?... »

« Cette tendance à faire des opérations d'un sens et de l'autre a saisi, après la guerre, même les milieux qui auparavant considéraient le commerce comme une chose immorale, ou tout au moins comme une chose pour laquelle ils se jugeaient eux-mêmes trop bêtes ou trop honnêtes. Les fonctionnaires, l'employé, l'ouvrier manuel, le petit rentier, tout le monde se mit à aller à la Bourse ». R. 4. op. cit. p. 45.

Malgré les terribles leçons du passé et alors qu'il a sous les yeux les conséquences dangereuses de ce qui s'est produit en Allemagne, le public français agit exactement de même et spécule.

N'est-ce pas le moment de se souvenir que tant que l'homme sera l'homme, il sera composé de deux forces qui luttent en lui et dont la lutte produit cet équilibre souvent rompu, toujours rétabli qu'on appelle l'ordre social. L'une de ces forces c'est la tendance à l'isolement qui donne à l'homme les sentiments de son individualité et qui le porte à tout rapporter à soi, l'autre de ces forces, la tendance à l'unité qui porte l'homme à tout reporter à la société et à se confondre en se sacrifiant dans la grande unité humaine. De ces deux forces contraires se compose l'homme social. S'il perd le sentiment de son égoïsme il n'est plus un individu, s'il perd le sentiment de la collectivité il n'est plus un être social. L'un est le délire du dévouement, l'autre est le délire de l'égoïsme. La nature est là, qui le retient entre ces deux folies et c'est à cette place que le législateur doit constater et gouverner ses instincts ».

Nous avons vécu et nous vivons en France ces deux folies. La folie du dévouement de 1914 à 1918 et maintenant celle de l'égoïsme ; dans l'intérêt social l'intervention du législateur s'impose.

Moi simple particulier, si je veux acheter à terme ou au comptant des dollars et des livres, je ne le pourrais plus me dira-t-on. Et la liberté? En cette matière la cause de la liberté est entendue. On a commis trop de crimes en son nom. Non vous ne pouvez plus acheter des livres et des dollars, sans nécessité commerciale ou industrielle, parce qu'acheter des devises étrangères sans la contre-partie industrielle ou commerciale c'est vendre du franc sans motif et accentuer la baisse.

Même pour faire un bon placement, un placement de père de famille, pour sauvegarder mon patrimoine et celui de mes enfants? Non car c'est indirectement faciliter l'exode de capitaux français. Nous ne faisons d'ailleurs que préciser le délit et la façon de le commettre, car il existait déjà dans notre législation, au moins en puissance.

Dans une récente circulaire, M. le Garde des Sceaux écrivait « Les achats de devises étrangères qui ne sont pas motivés par des motifs légitimes, les nouvelles inexactes propagées en vue d'assurer la hausse de ces devises apparaissent comme les marques les plus ordinaires de commettre le délit de spéculation contre le franc ».

« Le paragraphe premier de l'article 2 de la loi du 12 février 1924 punit ceux qui ont opéré ou tenté d'opérer la baisse de la devise nationale dans un but de spéculation. Il est permis de penser que tout achat de devises étrangères, dès lors qu'il n'est pas nécessité par un besoin industriel ou commercial ou justifié par tout autre motif sérieux, implique ce but de spéculation et comporte par suite la mise en mouvement de l'action publique ».

En l'état de notre législation, M. le Garde des Sceaux ne pouvait tenir un autre langage. Il est permis de supposer... mais il n'est pas certain que cela soit. Quel tribunal osera condamner un modeste fonctionnaire, un ouvrier achetant des livres ou des dollars sous la seule autorité de cette formule dubitative? L'achat au comptant — car, pour le terme, nous verrons ultérieurement que l'action publique ne peut être mise en mouvement que sur la plainte du Ministre des Finances —

de quelques livres ou dollars chez un changeur serait punissable avec les textes que nous connaissons.

M. Yvon Delbos, député, avait demandé à M. le Ministre des Finances, si, en raison des dispositions législatives en vigueur permettant à tout Français de se procurer sans formalité des devises étrangères jusqu'à concurrence de mille francs français, le possesseur d'une certaine quantité de dollars ou de livres sterling provenant d'opérations de détail effectuées successivement et chaque fois dans la limite de mille francs français est ou non susceptible d'être poursuivi pour spéculation illicite. M. le Ministre des Finances a répondu dans le *Journal Officiel* : « Les dispositions de l'article 2 de la loi du 3 avril 1918 dispensent si l'opération qu'elles ont en vue n'est pas supérieure à 1.000 francs de recourir à l'intermédiaire d'une banque tenant le répertoire des changes ou de remettre à cette banque une déclaration écrite à l'appui de son ordre d'exportation des capitaux ou d'achat de devises étrangères. En conséquence le fait pour une personne résidant en France de se constituer un avoir en devises étrangères, même par voie d'achats de détails effectués successivement et chaque fois dans la limite de la contre valeur de mille francs constitue une irrégularité au regard de la loi du 3 avril 1918. Si, en outre, il était établi que de tels agissements ont eu pour but une spéculation à la baisse des devises nationales, ils tomberaient sous le coup de la loi du 12 février 1924 ».

Encore un coup, M. le Ministre des Finances ne pouvait pas tenir un autre langage. Mais si autorisée que soit son interprétation, comme celle de M. le Garde des Sceaux dans sa circulaire, il ne peut être question que d'une opinion et, avant que cette interprétation soit devenue jurisprudence définitivement consacrée, le franc a tout le temps de mourir de sa belle mort et l'étranger de nous vider de notre substance. Y a-t-il seulement à l'heure présente des poursuites? S'il y en a la jurisprudence n'est-elle pas nécessairement contradictoire? A quand la décision de la Cour Suprême? Qu'on n'oublie pas que l'arrêt définitif concernant la loi du 22 mars 1885 n'a été rendu qu'en 1898 et que l'arrêt définissant exactement la portée juridique de l'article 10 de la loi du 20 avril 1916 a été rendu le 21 juin 1918.

Notez que la réponse de M. le Ministre des Finances ne vise que les personnes résidant en France, mais *quid* des Français eux-mêmes? Quand c'est un Français qui achète, la loi sur l'exode des capitaux ne peut plus jouer. Tous les Français peuvent donc acheter des livres ou des dollars, il leur suffira d'invoquer un motif sérieux, on ne nous dit pas lequel, il y en a tant qui sont des prétextes. N'est-ce pas un motif sérieux qu'un placement de bon père de famille? Qui se fera juge du motif sérieux? Le changeur? Il vérifiera. Et s'il ne vérifie pas, est-ce qu'il sera responsable et poursuivi pénalement?

Nous proposons un texte clair, précis. Les non commerçants et les non industriels n'ont, *en aucun cas*, le droit d'acheter des devises étrangères, pour si petit que soit l'achat. Ils ne peuvent acheter à terme, ou au comptant. Les intermédiaires de toute nature — particuliers — banques ou changeurs ne pourront livrer des devises étrangères que dans les conditions prévues par la loi. S'ils livrent des devises étrangères frauduleusement ou même par simple négligence et inobservation des règlements, même de bonne foi, ils seront poursuivis comme complices, et punis de la même peine que les auteurs du délit. L'élément intentionnel s'évince du seul fait qu'étant non commerçant ou industriel un individu quelconque a acheté des devises étrangères, de n'importe quelle façon, même sans emploi de moyens frauduleux. Pour le complice, l'élément intentionnel résulte du fait d'avoir facilité cette tractation, sans qu'il soit nécessaire dans l'un ou l'autre cas d'établir que cette opération réalisée ou tentée a provoqué la baisse ou pouvait la provoquer. Inutile de rechercher la relation de cause à effet, le fait matériel suffit, l'élément intentionnel s'en déduit. Un achat de cette nature est une atteinte au crédit de l'État.

Il faudra de toute nécessité, soit dans la loi, soit en dehors réglementer de façon très précise la situation légale des changeurs. Je ne méconnais pas leur utilité surtout dans les grands centres cosmopolites, les ports de mer et les départements frontières. Ils sont devenus indispensables à tous les étrangers résidant en France, ou traversant seulement le pays, et qui doivent échanger leurs devises contre notre devise nationale. En un certain sens ils peuvent aider au développement du crédit de l'État par la constitution de stocks de devises étrangères, il suffit qu'ils ne portent pas atteinte au crédit de l'État. Il est donc utile au pays de leur laisser toute liberté dans toutes les tractations qui tendent à l'achat de otre devise par l'étranger et à empêcher la manœuvre inverse. Ils vendent presque exclusivement au comptant et ne font en réalité que des échanges de devises. Peut être serait-il d'élémentaire prudence de n'autoriser les échanges qu'avec les étrangers ou les personnes voulant aller à l'étranger dûment munis d'une carte d'identité avec photographie et un passeport régulier. La mesure aurait l'avantage de gêner les voleurs internationaux et les recéleurs.

C'est d'ailleurs ce que vient de faire l'Italie. Aucun voyageur se rendant à l'étranger ne peut se procurer une somme quelconque de devises étrangères sans présentation de passeport et sans justifier le motif du voyage. Les banques doivent présenter leurs registres, deux fois par jour, au contrôle du Comité des changes.

Je signale en même temps un côté particulier de la question que je ne puis développer ici. L'achat des devises dans les ports ne se fait même plus par les changeurs. Une nuée de pisteurs attend au bateau l'étranger et achète à n'importe quel prix le dollar ou la livre. Pour ces acheteurs il y a mieux qu'un placement de père de famille. Les devises étrangères sont revendues aux fondeurs de métaux occultes qui peuvent ainsi changer le titre de leurs lingots et revendre l'or volé et les louis d'or achetés au paysan en les dénaturant. Il arrive ainsi que l'État paye très cher sa propre monnaie qu'on lui revend au prix fort.

L'interdiction étant réalisée pour les simples particuliers français non commerçants et non industriels, les commerçants et les industriels restent soumis à une législation que nous examinerons plus tard.

Tout le monde peut s'installer changeur, français ou étranger, condamné ou non. Il est curieux que nous exigions de nos officiers publics et ministériels des conditions de moralité que nous n'exigeons pas des banquiers et des changeurs. Il y a là plus qu'une anomalie, un danger. La seule précaution qui ait été prise — et elle date de fin mai 1926 — c'est que le ministre des Finances a demandé aux changeurs de prendre le nom de tous ceux qui achètent des devises étrangères. Pourquoi puisqu'on ne peut pas les poursuivre? Et si les changeurs n'obtempèrent pas, quelle sera la sanction? Il n'y en a pas.

Nous aurons l'occasion, à propos du contrôle des devises et des achats de devises étrangères par les commerçants et industriels, d'examiner de plus près la portée de la loi du 3 avril 1918 et des lois subséquentes sur l'exportation des capitaux —

mais il est bien évident que notre texte implique le renforcement de l'article 2 de la loi du 3 avril 1918 et consacre législativement la décision officieuse de M. le Ministre des Finances — même au-dessous de 1 000 fr. nul ne peut acheter des devises étrangères sans accomplir les formalités s'il est commerçant ou industriel — et il ne peut en aucun cas acheter des devises étrangères, sauf les dérogations prévues et limitées, s'il n'est ni industriel ni commerçant.

Nous avons indiqué qu'il s'agissait surtout d'aller vite. Dans ces conditions il est nécessaire que ces affaires qui ne peuvent pas être très compliquées, qui au fond se résument en deux ou trois renseignements précis à fournir par enquête officieuse, soient déférées aux tribunaux dans le plus bref délai possible par voie de flagrant délit ou de citation directe. La procédure d'instruction est inutile, elle ne peut être que dilatoire. Dans tous les cas de cette nature, il restera à veiller à la rapide solution, surtout dans les tribunaux de grandes villes et à leur donner un tour de faveur devant les chambres criminelles en première instance et en appel — mais ceci est du domaine administratif de la Chancellerie.

CHAPITRE IV

DÉTENTION ILLICITE DE DEVISES ÉTRANGÈRES

Notre projet n'échappe pas à une critique sérieuse. Même s'il devait paralyser les effets de la spéculation actuelle, arrêter cette spéculation, comment ferez-vous baisser la livre et monter le franc, or la livre à 179 fr. comme elle l'a été le 20 mai, à 163 fr. comme elle l'a été le 21 est terriblement dangereuse pour notre malheureux franc? Comment parviendrez-vous, soit par persuasion, soit par contrainte à obliger les spéculateurs français ou résidant en France à jeter sur le marché leurs stocks de devises étrangères et à provoquer de la sorte la remontée du franc? Or, il importe que la situation respective de notre devise nationale et des devises étrangères soit sinon ce qu'elle était en 1914 du moins ce qu'elle était en 1924, avant la première attaque. Le prix de la vie est en rapport étroit avec cette diminution de la livre et il ne faudra pas songer à s'attaquer à la question des prix des denrées et marchandises tant que n'aura pas été réalisée, d'une façon ou d'une autre, la revalorisation du franc, ou sa remontée définitive.

Je signale à ce point de vue un très grand danger. C'est que pour beaucoup de gens à courte vue, même des commerçants ou des industriels, l'ascension des prix est ce qui importe davantage. L'augmentation de la valeur des marchandises et des stocks est leur seule préoccupation car elle aboutit à un enrichissement rapide, ils ne se méfient guère de la lassitude du consommateur et du marasme des affaires dans l'avenir. Tout ce qui est de nature à empêcher l'augmentation immédiate des valeurs des stocks est à combattre et de ce nombre l'assainissement financier et la remontée du franc. Et nous arrivons ainsi à cette situation assez paradoxale que tandis que le consommateur spécule et fait baisser le franc bien des commerçants font tout ce qu'ils peuvent pour l'empêcher de remonter. Il n'est pas surprenant qu'entre ces deux ennemis, notre franc soit mis à mal.

Un seul moyen se présente à l'esprit, c'est de considérer dans certains cas comme illicite, la détention même des devises étrangères et de l'ériger en délit. Nous combattrions alors la spéculation sous ses deux formes — l'achat et la détention des devises étrangères.

Il faut dans ce cas et de toute nécessité recourir au principe de la rétroactivité. Nos lois n'ont pas d'effet rétroactif à moins que le législateur ne dise le contraire. Faut-il en matière de spéculations sur les changes donner à la loi un effet rétroactif ?

La mesure est grave. C'est une dérogation au droit commun et une dérogation est toujours dangereuse si elle n'est pas indispensable. Nous allons remettre la France en état de contentieux et troubler bien des sommeils ! Que de procès et de comparutions en correctionnelle de braves gens qui n'ont ni tué, ni volé, mais seulement voulu augmenter leurs revenus ou assurer leur patrimoine !

Et cependant il faut bien reconnaître que si nous ne disons pas, par exemple : tous les achats de devises étrangères faits par de simples particuliers depuis 1924 sont illicites, nous ne ferons pas sortir des coffres-forts ou du bas de laine les livres et les dollars. Donc la dérogation en principe est nécessaire. D'autre part il ne s'agit pas de deux intérêts privés contradictoires en présence. Il s'agit de quelques intérêts privés en face de l'intérêt national.

Je suggère un moyen. Je disais au commencement de cette étude que nos adversaires étaient de deux sortes, ceux qui ne savent pas et qui sont de bonne foi et ceux qui savent trop. Je propose d'éclairer les Français par un avertissement : la nécessité de la déclaration — en faisant comprendre à tous par une large publicité ce que signifie cette déclaration. Dans un délai à déterminer, tous les détenteurs à un titre quelconque de devises étrangères devront en faire la déclaration dans les formes à prévoir. Ils ont un moyen très simple de ne pas y être obligés, c'est de vendre avant l'expiration du délai. Que la nécessité de la déclaration les gêne ou qu'ils comprennent que la détention est préjudiciable aux intérêts du pays, peu importe, le résultat cherché peut être obtenu. C'est un subterfuge de bonne guerre, mais c'est aussi un appel à la raison, à la conscience nationale, un avertissement avant contrainte. Les détenteurs de devises étrangères ne pourront dans la suite s'en prendre qu'à eux-mêmes s'ils sont inquiétés.

Il me paraît qu'avec ce tempérament la rétroactivité perd beaucoup de son caractère péjoratif. Tous ceux qui n'auront pas déclaré, ou qui ayant déclaré leurs devises étrangères, les conserveront, sauront à quoi s'en tenir sur leur responsabilité pénale et témoigneront de la sorte qu'au jour de l'acquisition des devises étrangères ils savaient ce qu'ils faisaient, qu'ils n'étaient inspirés que par l'esprit de lucre et que leur intention de porter atteinte au crédit de l'Etat était à ce moment nettement arrêtée. Ils se placeront d'eux-mêmes volontairement et consciemment dans le cadre de la loi de 1924.

Comment seront recherchés les délits? Par les voies ordinaires de l'enquête officieuse. Il est bien évident que les nouvelles dispositions devront nécessiter l'abrogation des dispositions législatives réservant aux seuls agents du Ministère des Finances le droit de dresser procès-verbal et de poursuivre en matière d'infraction aux lois sur la tenue des registres du change et de l'exportation des capitaux. Cette mesure d'excessive précaution a révélé à l'expérience son véritable caractère de protection des fraudeurs au préjudice de l'État.

Une objection : ne craignez-vous pas la réciprocité de la part de l'étranger? Nous ne pouvons que désirer voir les autres nations prendre les mêmes mesures, nous saurions ainsi à coup sûr où se cachent les masses de manœuvre qu'on lance contre nous de temps à autre. Ce danger n'est pas à redouter. D'autre part les nations étrangères n'ont pas à se plaindre de l'attitude de la France en matière de change, si quelqu'un avait des doléances à faire entendre ce serait notre pays. Une fois de plus nous n'aurons pas tiré les premiers.

CHAPITRE V

ACHAT DE DEVISES ÉTRANGÈRES PAR LES COMMERÇANTS

Seront punis...

« Les commerçants et industriels qui ne se seront pas strictement conformés aux prescriptions législatives ou réglementaires se référant à l'évasion des capitaux, à la tenue du registre des changes, au contrôle de l'achat des devises étrangères, au rapatriement des capitaux montant des marchandises exportées et les commerçants et industriels qui auront spéculé sur la détention prolongée des traites émises en devises étrangères ou qui auront, dans les affaires ne portant que sur des transactions du marché intérieur, stipulé le paiement en monnaies étrangères ou en monnaies françaises augmentées d'une prime » ;

Malgré les récriminations dont elles ne manqueront pas d'être l'objet — il y a même des réclamations et des plaintes contre l'actuelle législation cependant bien inoffensive — l'interdiction d'achat de devises étrangères aux simples particuliers, la déclaration obligatoire des devises — la détention illicite desdites devises et leurs sanctions appropriées, ne peuvent, si sévères soient-elles, donner lieu à de sérieuses difficultés. Ces mesures ne peuvent gêner que les spéculateurs en arrêtant d'abord la spéculation commise par le public, en obligeant ensuite ce même public à jeter sur le marché son stock de devises étrangères.

Faut-il s'arrêter là en sacrifiant une fois de plus au grand principe de la liberté commerciale, n'y a-t-il pas lieu à l'heure où tant de sacrifices sont demandés aux consommateurs d'examiner de plus près le fonctionnement de notre mécanisme commercial?

Nous avons rapidement résumé dans un précédent chapitre et nous donnons intégralement aux annexes la législation en vigueur, qu'il s'agisse de la tenue du registre des changes, du contrôle de l'achat des devises étrangères ou de l'exode des capitaux. Cette législation est loin d'être coercitive, elle n'a rien de draconien. Elle est plutôt inspirée par des préoccupations d'ordre fiscal. L'administration des Finances a donné notamment en ce qui touche les capitaux provenant de marchandises exportées des instructions très bienveillantes et se référant presque exclusivement à la fixation du chiffre d'affaires. Au moment ou est née cette législation la chute de notre franc n'était pas angoissante et le législateur, comme ses interprètes administratifs, ne voyaient dans l'exode des capitaux et leur placement à l'étranger qu'une évasion fiscale, sans action sur le cours de notre devise. On n'y songeait même pas.

Il y a mieux. Pour bien montrer le caractère fiscal de la loi — qu'il s'agisse de la tenue du registre des changes, du contrôle des devises — ou de l'exportation des capitaux, *seuls* les agents du Ministère des Finances peuvent constater les infractions. La poursuite ne peut avoir lieu qu'à la requête du Ministère des Finances qui, ayant le droit de transaction, peut l'arrêter en tout état de cause. Il n'y a d'ailleurs comme sanctions que des amendes.

Ce sont ces mêmes armes, dont on ne s'est jamais servi — je connais peu de poursuites — que l'on croit encore de quelque efficacité dans la crise que nous traversons, et que les commerçants prétendent vexatoires. Ne tombe-t-il pas sous le sens que la crise du franc est tout autre chose qu'une mauvaise rentrée d'impôts? N'est-il pas nécessaire de remplacer cette législation sans vigueur par une loi de police et de sûreté qui, laissant aux dévoués agents de l'Administradtion des finances leurs préoccupations fiscales si légitimes, permettrait au Ministère Public d'intervenir à son tour partout où, industriellement ou commercialement, il y aurait atteinte au crédit de l'État?

Ce sont ces atteintes que je me propose de signaler, atteintes graves, impunies et impunissables avec la législation actuelle. Je demande seulement qu'on me permette, en même temps que l'examen des faits positifs de signaler les lacunes, chacune assortie d'une éventuelle spéculation.

En ce qui concerne le contrôle de l'achat des devises étrangères, les lois des 3 avril 1918 et 22 mars 1924 (art. 72) obligent les personnes désirant se procurer des devises étrangères en banque, à présenter une demande avec pièces justificatives à l'appui. La demande est tout d'abord soumise au visa, soit de la Chambre de commerce, soit de certains organismes particuliers énumérés dans le texte. Les pièces justificatives doivent permettre au demandeur de visa d'établir qu'il s'agit d'une demande sérieuse, qu'il a besoin des devises pour une opération sérieuse. Il fournira par exemple quand il s'agira de fret : le connaissement, lorsqu'il s'agira de transport par voie ferrée : la facture d'origine. Ces pièces sont tamponnées pour qu'elles ne puissent servir plusieurs fois. L'impétrant mentionne sur sa déclaration la banque ou l'agent qui doit servir d'intermédiaire, la nature et l'importance des opérations, la quantité des devises demandées. Le visa obtenu, le demandeur s'adressera à son intermédiaire qui inscrira l'opération sur le registre des changes et délivrera le chèque ou la traite.

Notons d'abord qu'aux termes de l'art. 2 de la loi du 3 avril 1918 les formalités ci-dessus ne sont exigées que si l'opération en vue est d'un montant supérieur à 1 000 francs. Sans doute au cours du change actuel 1 000 francs ne représentent pas beaucoup de marchandises, mais depuis 1918 combien de fois ont pu se renouveler les petits achats !

Notons encore qu'aux termes de l'art. 4 de la loi du 3 avril 1918 et 4 de la loi du 31 mars 1922 les dérogations sont nombreuses et importantes. La loi ne s'applique pas :

1° aux fonds et aux titres que les particuliers ou les sociétés résidant ou fonctionnant hors de France ont ou pourront avoir en France ;

2° aux fonds qui seraient envoyés dans les colonies françaises et les pays de protectorat pour y être utilisés sur place dans le commerce et l'industrie ;

3° Au règlement des denrées, produits ou marchandises destinés à être importés dans un délai maximum de six mois en France, dans les colonies ou les pays de protectorat ;

4° Aux achats de devises étrangères effectués pour les besoins de leur propre entreprise par des industriels ou des commerçants non banquiers résidant en France en utilisant la contre valeur des fonds transférés par eux de l'étranger en France postérieurement à la promulgation de la loi.

La liberté laissée aux banques étrangères et à leurs correspondants en France ne constitue-t-telle pas un grand danger pour le crédit de notre pays? Et qui pourra garantir que les sociétés résidant ou fonctionnant hors de France ne font sortir que les fonds et titres provenant de leur activité personnelle exclusive sans prendre quoi que ce soit à notre fonds national? Pour les titres la vérification est assez facile, mais pour les fonds, elle est impossible. Les étrangers possèdent grâce à cette dérogation de solides suçoirs incrustés dans notre chair. Je pousse pour les besoins de la discussion le raisonnement jusqu'à l'absurde et je dis : supposons que l'allemand Stinnes ou l'autrichien Castiglioni achètent le Creusot, vous supporterez que tous les fonds s'en aillent en Allemagne ou en Autriche? Supposons que les milliardaires américains, profitant de ce que notre franc est avili, ne se contentent plus d'acheter pour quelques sous les châteaux de l'intérieur et les villas de la côte, mais qu'ils achètent les plaines de la Beauce et autres grandes productions de blé, vous accepterez que les fonds provenant d'un terrain français, créé par une main-d'œuvre française et cela grâce à l'avilissement voulu et provoqué de notre devise, s'en aillent ajouter une force nouvelle à la force étrangère et que nous soyons ainsi vidés de notre substance? Il y a là une dérogation bien dangereuse, une arme d'épuisement mise en mains qui ne sont quelquefois étrangères alliées qu'en apparence, mais le plus souvent ennemies. Je serais curieux de savoir si la petite Autriche accorde la même faveur notamment en ce qui concerne les fonds provenant des usines Skoda à Pilsen et d'une façon plus générale si nous avons accordé cette dérogation à charge de plus ample réciprocité.

Bien dangereuses aussi les autres dérogations, car, s'il convient de faciliter nos colonies, encore faut-il vérifier que les fonds envoyés de France sont utilisés sur place dans les colonies et ne s'évadent pas à l'étranger. Comment s'opère le contrôle? S'il convient aussi de faciliter l'importation en France des produits de nos colonies ou des pays de protectorat, comment vérifie-t-on que les marchandises sont importées dans le délai réglementaire?

Autres facilités. — L'art. 72 de la loi du 22 mars 1924 imposant aux importateurs de marchandises l'obligation de soumettre à l'avis préalable de la Chambre de commerce de leur domicile les déclarations écrites qu'ils sont tenus de déposer à une personne tenant le répertoire des opérations de change, les importateurs avaient insisté pour obtenir une autorisation globale pour plusieurs mois, sans désignation de la banque intermédiaire. Cette autorisation leur a été accordée le 4 avril 1924 par le Ministère du Commerce sous la réserve que les achats de change ne pourront être effectués que pour les règlements de marchandises dont l'importation en France est autorisée dans un délai maximum de six mois. D'autre part les Chambres de commerce ne devront délivrer d'avis favorable d'un caractère général qu'aux importateurs notoirement connus.

Malgré toutes les précautions et le fonctionnement de très sérieuses organisations, comme celle de la Chambre de commerce de Marseille, il est acquis que quelques banques et organismes agréés pour le visa n'exigent pas toujours les justifications prescrites.

D'autre part même avec des organisations sérieuses et dignes d'éloges comme celle de la Chambre de commerce de Marseille, la fraude est possible. La production par exemple d'une facture d'origine n'est pas suffisante, car elle peut être de complaisance — pour justifier l'achat de devises étrangères.

Certains commerçants ont trouvé dans le fonctionnement même de la législation un moyen de spéculer. Ils conservent par devers eux les traites tirées en devises étrangères et ne les déposent en banque que deux ou trois mois après l'exportation. Les traites sont établies à vue lors de l'expédition des marchandises. Ils les passent dans leur comptabilité pour leur valeur exprimée en francs au cours du jour, mais au lieu de remettre ces traites à l'établissement de crédit chargé de les convertir, ils attendent un ou plusieurs mois, ils profitent d'un cours élevé des devises pour mettre les traites en circulation.

Un arrêté du ministre des Finances et du Ministre du Commerce en date du 14 octobre 1925 a prescrit que toute exportation de marchandises à destination de l'étranger, des colonies ou pays de protectorat (à l'exception de l'Algérie et de la Tunisie) effectuée postérieurement à la promulgation de la loi du 22 mars 1924 entraînait pour l'exportateur l'obligation de rapatrier le prix des marchandises exportées et vendues du jour où les fonds à provenir de la vente ont été mis à sa disposition, soit par suite d'un paiement au comptant, soit par suite d'escompte, d'avance ou de toute autre façon.

Ce rapatriement doit être effectué par une remise de francs en France dans un délai fixé.

Très libéralement, trop peut-être, le législateur a prévu un certain nombre de dérogations. La loi ne s'applique pas aux fonds provenant de la vente de marchandises exportées et qui seraient destinées au règlement de marchandises à importer dans les six mois. Fort bien, car ce que le législateur a voulu empêcher c'est l'évasion à l'étranger de nos capitaux, la fuite de la substance française à l'étranger sans contre-partie, mais il est bien évident que si les fonds provenant des marchandises exportées doivent servir à l'importation d'autres marchandises en France, non seulement il n'y a plus évasion de capitaux, ni appauvrissement de substance, mais plus grande facilité donnée au commerce d'importation et au ravitaillement.

Je comprends encore fort bien que le montant des marchandises exportées dans nos colonies ou pays de protectorat ne soit pas rapatrié lorsqu'il est utilisé sur place dans l'agriculture, le commerce et l'industrie. Mais dans l'un et l'autre cas, une vérification sérieuse s'impose. Est-elle faite ?

Je ne comprends pas du tout qu'une dispense soit accordée aux prix des marchandises exportées qui sont la propriété en France de personnes résidant à l'étranger. En l'état de notre change, il n'est que trop clair de voir l'intérêt qu'ont les détenteurs de devises avantagées à l'achat pour un morceau de pain de la terre de France et des actions des Sociétés industrielles ou commerciales françaises. Et lorsque l'étranger se sera ainsi installé en maître, il fera sortir comme il lui plaira les produits de France, les expédiera à l'étranger et profitant de la baisse de notre franc qu'il aura provoquée, il chassera le propriétaire française, profitera ensuite de notre main-d'œuvre et nous videra de notre substance.

Cette dérogation serait presque criminelle si nous n'indiquions pas qu'au moment ou elle a été inscrite, le danger était moins pressant qu'aujourd'hui et cependant en octobre 1925 déjà notre franc était en péril et l'évasion des capitaux certaine.

Pour bénéficier de ces dispositions, les exportateurs qui voulaient conserver des fonds à l'étranger devaient dans les trois mois de publication de l'arrêté (*Journal Off.* 15 octobre 1925 page 9.889) adresser à la direction départementale de l'administration financière dont ils dépendaient au point de vue de l'impôt sur le chiffre d'affaires, une déclaration faisant connaître le montant approximatif des sommes qu'ils devaient conserver annuellement à l'étranger. Or — et le fait est terriblement suggestif — dans la région marseillaise

— la partie la plus importante de France au point de vue exportation — il n'y avait au 21 mai 1926 que *six demandes.* Qu'est-ce à dire sinon qu'une fois de plus on a considéré l'armée nouvelle comme sans danger et qu'on l'a méprisée? Pourquoi demander des autorisations lorsqu'on peut s'en passer?

D'ailleurs l'article 6 a soin de signaler que les contraventions seront constatées par les procès-verbaux dressés par les agents prévus à l'article 72 de la loi du 22 mars 1924. Le parquet n'a pas le droit d'intervenir.

Les capitaux peuvent s'évader comme ils le veulent. Il n'y a même pas besoin de faire un grand effort pour trouver les moyens. La réglementation et la législation en vigueur les ont signalés à l'attention de ceux qui auraient pu les ignorer ou les méconnaître.

Est-il étonnant dans ces conditions que certains commerçants français aient des comptes courants en Belgique ou en Suisse à solde créditeur important. Quelle sanction a été prise contre eux, même fiscalement?

La faiblesse de notre législation — il ne m'appartient pas d'aborder le côté politique de la question — est telle que suivant la voie de l'Allemagne — notre franc est peu à peu abandonné comme base de stipulation contractuelle. Je ne parle pas seulement du dilettantisme de la Côte d'Azur. Un certain nombre de commerçants établis en France ne traitent qu'en devises étrangères et les compagnies de navigation en particulier décomptent leur fret en livres sterlings. Les commerçants ont beau jeu pour répondre aux agents des finances qu'ils sont, dans ces conditions, obligés de se couvrir en devises étrangères et ceci d'après eux justifierait la méthode employée qui consiste à ne pas convertir en francs les devises étrangères remises en paiement de marchandises exportées — ces devises sont portées au crédit de leur compte courant bancaire, lequel est débité au fur et à mesure des paiements effectués en devises également à leurs fournisseurs étrangers.

Prétexte ou nécessité, le fait est là regrettable et impuni. *La livre sterling ne se contente plus d'être en France la monnaie standart, elle supplante la monnaie nationale.*

Le mal est si grand que les tribunaux eux-mêmes se mettent à valider les stipulations de paiement en monnaies étrangères ou en monnaies françaises augmentées de la prime résultant des cours pratiqués sur les monnaies étrangères à change élevé, même quand il s'agit des marché intérieur. Dans ce sens : cour d'appel d'Aix 10 février 1926, Pelissier du Besset *C.* The Algiers Lend Worehouse Company limited ; Nice 20 décembre 1925, Hirico *C.* Murisier.

Ces deux décisions ont ému, et M. le Garde des Sceaux dans une circulaire du 1er mai 1926 écrit : « Bien que la question de la clause or et les clauses succédanées soient de celles qui, sous l'empire des lois économiques impérieuses, évoluent rapidement,... lorsqu'il s'agit de contrats régis par la loi française dans tous leurs éléments les stipulations précitées sont entachées de nullité ; elles tendent en effet à dénier la valeur nominale du billet de la Banque de France et à réduire la monnaie légale française au rôle de simple monnaie de règlement appelée à subir toutes le fluctuations des monnaies étrangères. Un tel résultat affectant les échanges journaliers et faisant varier tous les prix intérieurs selon le cours des changes serait évidemment préjudiciable à l'économie nationale. Il doit dans l'état actuel de la législation être évité ».

Mais qu'est-ce donc, pénalement, qu'un fait préjudiciable à l'économie nationale? N'est-ce pas une atteinte au crédit de l'Etat puisqu'il tend à réduire la monnaie nationale au rôle de simple monnaie de règlement? N'opère-t-on pas ainsi, même sans emploi de moyens frauduleux, la baisse de notre devise? Pourquoi le juge civil ne s'est-il pas abrité derrière la loi du 12 février 1924 et considérant le fait comme illicite et pénalement repréhensible n'a-t-il pas déclaré nulle la stipulation et contraire aux lois?

La réponse est facile — trop facile malheureusement. Le cadre de cette étude de nous permet pas d'examiner d'une façon détaillée la loi du 12 février 1924 (D. P. 1924. 4. 248). Nous n'en dirons qu'un mot. En dehors du cas précis visé aux articles 1 et 3 (faits faux ou calomnieux semés à dessein dans le public), la loi dans sa portée générale est sinon inapplicable au moins d'une très difficile application. Il faut aux termes de l'art. 2, § 1, avoir opéré ou tenté d'opérer la baisse des devises nationales, *dans un but de spéculation*. Si l'élément matériel de l'infraction est difficile à établir, l'élément intentionnel l'est bien davantage. La loi ne dit pas ce qu'est la spéculation, en quoi elle consiste, à quel critérium précis elle pourra être reconnue : elle n'abroge pas la loi du 22 mars 1885 qui déclare licites toutes les opérations à terme et par conséquent les opérations sur les changes, elle n'en restreint même pas la portée comme le faisait l'article 10 de la loi du 20 avril 1916.

Il est bien évident qu'en stipulant en monnaies étrangères les contractants se sont préoccupés de leurs intérêts personnels, mais peut-on en déduire qu'ils ont voulu porter atteinte au crédit de l'État? Poser la question c'est la résoudre et les Tribunaux devaient en l'état de notre législation répondre comme ils l'ont fait. La question n'aurait même pas pu se poser avec une législature pénale précise.

Il faudra attendre maintenant avec patience que la Cour

suprême fasse connaître son interprétation mais l'incendie est allumé et les stipulations en monnaies étrangères vont se généraliser.

D'autre part la Cour de Cassation va se trouver devant un problème très délicat à résoudre. Comment interdire au point de vue civil ou commercial des stipulations que la loi pénale ne peut atteindre? Sans doute il est possible d'engager les commerçants à ne pas utiliser ces stipulations, mais les défendre! La Cour suprême sera très probablement obligée de tenir le langage des premiers juges et des juges d'appel. Elle ne pourra que constater la carence de notre législation spéciale.

Peut-on, comme le pensent certains juristes, combiner les dispositions de la loi du 5 août 1914 et les prescriptions de l'article 1131 du Code civil et déclarer illicites les stipulations de paiement de toute nature formulées autrement qu'en francs?

La loi du 5 août 1914 a établi le cours forcé des billets de banque et certaines décisions de jurisprudence ont pensé qu'il était possible, en se fondant sur cette loi, de déclarer illicites tous les paiements faits autrement qu'en francs. La jurisprudence paraît s'être fixée en ce sens et nous signalons plus particulièrement une décision du Tribunal civil de la Seine (6e chambre) du 9 février 1926 et un arrêt de la cour d'appel de Rouen du 16 novembre 1922. Ce dernier statuait sur la clause d'un bail à ferme imposant au preneur l'obligation, au cas de cours forcé, de payer ses fermages en blé et en avoine. Mais la solution a été très vivement contestée parce qu'elle n'est pas expressément énoncée par la loi de 1914. Sous l'arrêt de Rouen (D. P. 1926-2-57) M. le Professeur à la Faculté de Droit de Paris H. Capitant a très vivement combattu cette solution et donné tous les éléments de discussion et de jurisprudence en la matière. Il renvoie plus particulièrement aux notes de Paul Dupuich (D. P. 1920-1-137) et Henri Lalou (D. P. 1924-2-17 et 97).

Dans le Répertoire général du Notariat du 15 novembre 1925, M. Mazin engage à se montrer très réservé à propos des stipulations de paiement en coupons de rente 4 %. La validité du paiement en coupons de rente 4 % 1925, avec garantie de change, avait été reconnue par M. Bonnet, sous-secrétaire d'État aux Finances (*Temps* 25 novembre 1925), mais en réponse à une question écrite, M. le Ministre des Finances a indiqué qu'il paraissait valable de stipuler en coupons 4 % mais non à la fois en espèces et en coupons ce qui équivaudrait à stipuler suivant le cours des changes.

L'ingéniosité des juristes ne peut pas être comparée à celle des contractants. Ils seront toujours vaincus ou tout au moins devancés. On a stipulé en blé, en avoine, en coupons, que fera la jurisprudence si le paiement se calcule demain suivant les indices de cherté de vie régulièrement et officiellement publiés par le Ministère du travail, servant de barême et de tremplin à toutes les demandes d'augmentation de salaires ou de traitements ?

Nous avons eu et nous aurons de bien belles discussions juridiques en attendant les décisions de la Cour suprême, mais que devient et que deviendra le franc pendant ce temps-là ? Il serait peut-être plus simple — trop simple — de dicter un texte précis au point de vue pénal.

Nous touchons ici du doigt, une fois de plus, l'inefficacité de notre législation générale et spéciale. La tare de la loi du 12 février 1924 est la même que la tare des lois du 3 avril 1918 et du 22 mars 1924. Ce sont des lois de façade — des réponses trop rapides aux préoccupations momentanées de l'opinion publique. Elle aussi, la loi du 12 février 1924, était née avant les furieuses attaques contre notre franc, elle ne pouvait les prévoir, elle ne saurait les réprimer. En elles-mêmes les sanctions sont suffisantes et nous les avons intégralement reprises dans notre projet — surtout l'innovation de l'article 4, mais le législateur a commis l'erreur de laisser au juge le soin de faire — refaire, ou défaire la loi. Il s'est déchargé sur lui du fardeau de la responsabilité. Le juge se serait bien volontiers passé de ce cadeau.

CONCLUSIONS

Ces difficultés d'application et d'interprétation — *quæquæ miserrima vidi* — j'ai voulu les éviter. J'ai tout d'abord cherché une définition générale — un critérium précis de la spéculation — l'idée de jeu. Dans l'application j'ai essayé de me rapprocher le plus possible des conditions de la vie moderne — allant souvent jusqu'au détail notamment en matière commerciale. Je sais que ce n'est pas le droit commun et que c'est une dérogation nouvelle, temporaire, je le désire, comme la crise du franc — exceptionnelle comme cette crise.

Je n'ai pas, je le répète, la phobie de la spéculation. Je ne la rends pas responsable de tous nos maux. Elle ne crée pas les événements, elle les aggrave. Elle n'a pas créé la hausse des denrées ou marchandises, ni déclanché la baisse du franc, les événements économiques ont seuls déclanché le mouvement. Mais la spéculation suit de très près les mouvements économiques ou politiques — elle les surveille et en profite. Elle ne crée pas les maladies, elle ouvre les plaies et les envenime. Ses effets continuent alors que les événements économiques n'exercent plus d'influence. Les événements économiques seuls ne conditionnent plus le mouvement de la baisse du franc — la spéculation l'accélère et peut le rendre catastrophique.

Si nous ne pouvons que peu de chose contre les événements économiques et si les remèdes sont à longue échéance, nous pouvons beaucoup, au contraire, contre la spéculation qu'une répression effective, énergique et immédiate peut arrêter.

Je répète surtout que le texte proposé n'est qu'une fiction, un moyen de discussion — peut-être une base. J'ai voulu surtout réagir còntre le découragement et l'abandon. C'est ma très modeste contribution volontaire.

ANNEXES

LOI DU 1er AOUT 1917

Instituant un répertoire des opérations de change

(*J. O.* du 2 août 1917)

Article premier. — Quiconque fait profession ou commerce de recueillir, acheter ou vendre, négocier, escompter, encaisser ou payer des monnaies ou devises étrangères : coupons, titres d'actions ou d'obligations négociables ou non négociables, quels que soient leur dénomination et le lieu de leur création, dont le montant ou le prix est payable à l'étranger en monnaies étrangères ou payable en France en monnaie française, ou après négociations à l'étranger, sur une disposition de l'étranger, est tenu d'en faire la déclaration au bureau de l'enregistrement de sa résidence et, s'il y a lieu, au bureau de l'enregistrement de chacune de ses succursales ou agences, soit avant toute opération, soit, s'il exerçait avant la promulgation de la présente loi, dans les quinze jours à compter de cette promulgation.

Article 2. — Les personnes désignées à l'article qui précède doivent exiger de toute personne avec laquelle elles effectuent l'une des opérations énumérées audit article la déclaration de son identité, de sa nationalité, de son domicile et tenir un registre en papier non timbré, visé et paraphé par le président ou l'un des juges du tribunal de commerce, sur lequel elles inscriront, jour par jour, sans blanc ni interlignes, chacune desdites opérations, sous réserve des dispositions spéciales de l'article 3.

Devront également être inscrits sur ce registre les ordres donnés de France pour la vente à l'étranger de francs ou devises en francs contre des monnaies ou devises étrangères.

Article 3. — Seront exceptées de l'inscription au registre les négociations des titres d'actions et d'obligations libellées en monnaie étrangère, lorsque ces négociations n'auront d'autre but que d'en transférer la propriété en France, sans aucune opération de change sur l'étranger.

En ce qui concerne les opérations de change portant sur l'encaissement de la valeur des titres et de la valeur des dividendes, intérêts et arrérages de ces titres, il suffira de les grouper par journée et par nature de monnaies étrangères et d'en inscrire, pour chacune de ces monnaies, le montant total au répertoire prescrit par l'article 2, sans aucune autre indication.

Article 4. — Le registre prescrit par l'article 2 est communiqué à toute réquisition des agents désignés à cet effet par arrêté du ministre des Finances.

De même, un arrêté du ministre des Finances déterminera le modèle de ce registre et les indications à y porter, ainsi que la forme des états récapitulatifs dont la remise périodique pourra être réclamée aux personnes désignées à l'article 1er.

Article 5. — Les contraventions aux prescriptions des articles qui précèdent ainsi qu'à celles des arrêtés ministériels prévus à l'article 4 seront constatées par des procès-verbaux dressés par les agents dont la désignation est prévue audit article.

Elles seront punies d'une amende de cent à cinq mille francs (100 à 5.000 francs). Les dispositions de l'article 463 du code pénal sont applicables à la présente loi.

ARRÊTÉ MINISTÉRIEL DU 4 AVRIL 1918

Modifiant l'arrêté du 4 septembre 1917
relatif à la tenue du répertoire des opérations de change

(*J. O.* du 5 avril 1918)

Le ministre des Finances,

Vu l'article 4 de la loi du 1er août 1917 et l'arrêté du 4 septembre 1917.

Arrêté :

Article premier. — L'article 4 de l'arrêté du 4 septembre 1917 est remplacé par les dispositions suivantes :

« La troisième partie du répertoire reçoit les inscriptions suivantes, quel qu'en soit le montant :

1o Tous chèques et effets (traites, mandats, billets, etc., quelle qu'en soit l'échéance) créés en France et présentés en France à l'encaissement ; après avoir été négociés à l'Étranger.

2o Tous chèques et effets (traites, mandats, billets, etc., quelle qu'en soit l'échéance) tirés de l'étranger sur France.

3o Tous versements ou virements en francs sur ordre de l'étranger ou en faveur de l'étranger.

Les opérations d'un montant inférieur à 5.000 francs peuvent, à la fin de chaque journée, être groupées, par nature d'opérations, pour chaque pays d'où proviennent les effets ou pour le compte duquel les opérations sont effectuées.

Les effets documentaires peuvent être groupés, quel qu'en soit le montant, par journée et par pays.

Ne devront mentionner ces opérations, à la troisième partie de leur répertoire, en se conformant aux indications du tableau annexé à l'arrêté ministériel du 4 septembre et modifié comme il est dit ci-après, que les personnes ci-dessous astreintes à la tenue du répertoire :

1° Le tiré pour les opérations indiquées au n° 1 ci-dessus, ou, si le tiré n'est pas astreint au répertoire, le dernier porteur en France, astreint au répertoire, de l'effet après sa négociation à l'étranger

2° Le tiré pour les opérations visées au n° 2 ci-dessus, ou si le tiré n'est pas astreint au répertoire, le dernier porteur en France astreint au répertoire, de l'effet tiré de l'étranger.

3° La personne qui tient le compte à débiter, en ce qui concerne les opérations désignées au n° 3.

Les opérations inscrites à la troisième partie du répertoire, devront être totalisées à la fin de chaque quinzaine.

Article 2. — Les libellés du registre n° 3 (troisième partie), sont modifiés comme suit :

En-têtes : *a*) « Opérations comportant ou ayant comporté une vente de francs à l'étranger » au lieu de « opérations ayant ou devant comporter une vente de francs à l'étranger ».

b) « Sommes en francs payées contre effet venant de ou en faveur de » au lieu de « sommes en francs payées contre effet venant de ».

3e colonne : « Nature de l'opération (indiquer notamment le numéro sous lequel est désignée ci-dessous l'opération dont il s'agit) » au lieu de « nature de l'opération ».

Nota ; ancien 1 supprimé.

Ancien 2 (actuellement 1) : « S'il s'agit d'un chèque ou d'un effet, traite, mandat, billet, etc., quels qu'en soient le montant et l'échéance), créé en France et payable en France après avoir été négocié à l'étranger » au lieu de « s'il s'agit d'un chèque français payable en France et ayant été négocié à l'étranger ».

Ancien 3 (actuellement 2) : « S'il s'agit d'un chèque ou d'un effet (traite, mandat, billet, etc.) quels qu'en soient le montant et l'échéance) tiré de l'étranger » au lieu de « s'il s'agit d'un chèque égal ou supérieur à 10 000 francs tiré de l'étranger ».

Ancien 4 (actuellement 3) : « S'il s'agit d'un versement ou virement quel qu'en soit le montant sur ordre de l'étranger ou en faveur de l'étranger, montant » au lieu de « s'il s'agit d'un versement égal ou supérieur à 10.000 francs sur ordre de l'étranger ».

Article 3. — L'article 6 de l'arrêté du 4 septembre est remplacé par les dispositions suivantes :

Les opérations de la première partie :

a) S'il s'agit de numéraire, de billets de banque, ou de l'encaissement de la valeur de titres étrangers ou de la valeur des dividendes, intérêts et arrérages de ces titres, peuvent à la fin de chaque journée, et quel qu'en soit le montant, être groupées par catégorie d'opérations et par nature de monnaies étrangères.

b) S'il s'agit de chèques, d'effets (traités, mandats, billets, etc., quelle qu'en soit l'échéance) ou d'écritures en compte, peuvent, à la fin de chaque journée, être groupées par catégorie de devises et par nature de monnaies étrangères, lorsque chacune de ces devises est d'un montant inférieur à 25 000 francs et à condition que leur négociation ne constitue pour le client vendeur, qu'une opération isolée.

Les opérations de la deuxième partie, qu'elles concernent du numéraire, des billets de banque, l'encaissement de titres ou de coupons, la négociation de chèques et d'effets (traites, mandats, billets. etc., quelle qu'en soit l'échéance) ou des écritures en compte, peuvent à la fin de chaque journée être groupées par catégories de devises et par nature de monnaies étrangères à condition que chaque inscription prise isolément ne porte pas sur une valeur supérieure à 5.000 francs.

Les effets à échéance doivent être portés pour leur valeur nominale sans déduction de l'escompte.

ARTICLE 4. — Un répertoire spécial sera tenu pour les opérations de change traitées « livraison » qui seront inscrites au fur et à mesure de leur négociation.

A leur échéance ces opérations seront annulées par une inscription pour ordre et reportées sur le répertoire général. Elles seront alors comprises dans les soldes du répertoire général.

Un extrait de ce répertoire spécial qui sera arrêté les 5 et 20 de chaque mois sera envoyé au ministre des Finances (commission des changes) les 10 et 25 de chaque mois en même temps que les copies du répertoire général.

ARTICLE 5 — Sont nulles et non avenues toutes dispositions ou instructions précédentes contraires aux dispositions du présent arrêté qui entrera en vigueur à partir du 20 avril 1918.

MINISTÈRE
DU COMMERCE ET DE L'INDUSTRIE

DIRECTION
DES AFFAIRES COMMERCIALES
ET INDUSTRIELLES

3e BUREAU

Paris, le 4 avril 1924.

LE MINISTRE DU COMMERCE, DE L'INDUSTRIE,
DES POSTES ET DES TÉLÉGRAPHES,

A MESSIEURS LES PRÉSIDENTS DES CHAMBRES
DE COMMERCE,

L'article 72 de la loi du 22 mars 1924 impose aux importateurs de marchandises l'obligation de soumettre à l'avis préalable de la chambre de commerce de leur domicile les déclarations écrites qu'ils sont tenus, aux termes de la loi du 3 avril 1918, de déposer à une personne tenant le répertoire des opérations de change.

Cette formalité est indispensable pour pouvoir obtenir les devises étrangères destinées au règlement de leurs importations.

Nombre de commerçants et d'industriels effectuant régulièrement des opérations d'importation en France ont insisté auprès de mon département pour obtenir que la Chambre de commerce, au lieu de revêtir de son avis chaque déclaration à remettre à la Banque au moment des achats de change, donne son visa :

a) Pour l'ensemble des achats à effectuer dans une période déterminée de plusieurs semaines ou de plusieurs mois correspondant au chiffre habituel de leurs affaires d'importation au cours de cette période ;

b) Sans désignation de la banque à laquelle ces importateurs se réservent de s'adresser, suivant les conditions de prix qui leur seront faites.

BIBLIOTHÈQUE NATIONALE RF IMPRIMÉS

J'estime, d'accord avec M. le ministre des Finances, que l'article 72 de la loi sus-visée du 22 mars 1924 doit recevoir l'interprétation la plus libérale, de manière à ne pas entraver notre commerce d'exportation.

En conséquence, je vous autorise, conformément à l'avis favorable donné par M. le ministre des Finances, à donner le visa de votre Chambre de commerce dans les conditions indiquées aux deux paragraphes *a*) et *b*) ci-dessus.

Toutefois ces facilités sont accordées sous les réserves suivantes :

1° Les achats de change ne pourront être effectués que pour les règlements de marchandises dont l'importation en France est autorisée et si ces marchandises sont destinées à être importées dans un délai maximum de six mois en France, en Algérie, dans les colonies ou pays de Protectorat ;

2° Les chambres de commerce ne devront délivrer d'avis favorable d'un *caractère général* qu'aux importateurs notoirement connus et suivant leurs besoins normaux, pour une durée et pour un montant qu'elles restent libres de fixer dans la limite de six mois au maximum.

Ces avis pourront être donnés sur une déclaration générale des importateurs indiquant la nature des achats de marchandises à importer dans les six mois, leur valeur et la période sur laquelle les achats de devises seront échelonnés.

Cette déclaration générale ne dispensera par les importateurs de faire, comme par le passé, une déclaration spéciale à leur banque à l'occasion de chaque opération de change.

Mais, au lieu de soumettre toutes ces déclarations au visa préalable de la Chambre de commerce, les importateurs présenteront à la banque leur déclaration générale revêtue de l'avis favorable de la Chambre de commerce. La banque l'estampillera du montant des devises remises et annotera la déclaration spéciale, qui restera entre ses mains, du numéro de la déclaration générale portant l'avis favorable de la Chambre de commerce.

Quand cette déclaration générale sera épuisée, les importateurs auront à la renouveler en la présentant à la Chambre de commerce, qui jugera ainsi de l'emploi qui en aura été fait et basera son nouvel avis sur les indications et les appréciations résultant de cet examen.

Les dispositions ci-dessus ont été établies en complet accord avec M. le Ministre des Finances.

Le Ministre du Commerce, de l'Industrie, des Postes et des Télégraphes.

Signé : LOUCHEUR.

CONTRÔLE DE L'ACHAT DE DEVISES

En réponse aux questions qu elle avait posées aux établissements de banque de Marseille, relativement à l'application de la loi du 22 mars 1924, la Chambre de commerce de Marseille a reçu communication de la lettre ci-après de M. le Ministre des Finances adressée à l'Union Syndicale des Banquiers de Paris et de la Province :

Paris, le 31 *mai* 1924.

Messieurs,

J'ai l'honneur de vous faire connaître que, par application des dispositions de l'article 1, de la loi du 3 avril 1918, j'autorise jusqu'à nouvel avis les opérations de report et de couverture de change rentrant dans un des cas ci-dessous énumérés et sous condition que vous vous conformerez aux règles suivantes :

1° Sont autorisées les opérations de report et de couverture de change effectuées par les exportateurs et importateurs résidant en France qui ont à la base :

a) Une exportation de marchandises devant se régler par la mise de devises étrangères à la disposition du marché intérieur;

b) Une importation de marchandises prévue à l'article 4, paragraphe 3 de la loi du 3 avril 1918 ou spécialement autorisée, que ces marchandises soient destinées à la réexportation ou à la consommation intérieure;

2° Ces opérations de report et de couverture de change ne devront pas avoir une durée dépassant la date à laquelle les marchandises exportées seront effectivement payées à l'exportateur résidant en France et les marchandises importées seront après règlement du prix d'achat soit revendues à l'étranger, soit livrées à la consommation intérieure par l'importation.

3° Les dispositions de l'article 72 de la loi du 22 mars 1924 exigeant l'avis favorable de la Chambre de commerce ne s'appliquent qu'aux opérations d'achat de change qui ont pour objet le règlement effectif d'une importation de marchandises dans les 6 mois en France, dans les colonies et pays de protectorat (art. 4, § 3 de la loi du 3 avril 1918).

4° Les opérations de report et de couverture de change doivent être inscrites au répertoire des changes. Les personnes tenant ce répertoire devront, sous leur responsabilité, exiger de leur clientèle, avec toutes les justifications utiles, une déclaration précisant que l'achat de devises étrangères a pour but une opération de report ou de couverture basée soit sur une exportation de marchandises dont le prix et la date du paiement devront être indiqués, soit sur une importation de marchandises ayant donné lieu pour son règlement à l'étranger à un achat régulier de change appuyé d'une déclaration initiale revêtue de l'avis favorable d'une Chambre de commerce ou d'un organisme agréé, déclaration qui devra être, avec sa date et son montant, mentionnée sur les déclarations pour l'achat de devises en report ou en couverture.

Les déclarations jointes aux ordres d'opérations de report ou de couverture de change n'ont pas à être présentées pour avis aux Chambres de commerce.

5° Les opérations de report ou de couverture, qui ne rentrent pas dans un des cas prévus ci-dessus, doivent être soumises pour autorisation préalable au ministre des Finances (Comité de contrôle de l'exportation des capitaux).

6° Les opérations qui n'auraient pas été effectuées suivant les règles qui viennent d'être tracées seraient considérées comme non autorisées et par conséquent irrégulières ; celles-ci seraient passibles des sanctions édictées par la loi.

Le ministre des Finances.

Signé : François MARSAL.

ARRÊTÉ DU 2 MAI 1924

Fixant à trois mois le délai prévu par l'article 69, alinéa 2, de la loi du 22 mars 1924

Le ministre des Finances;

Vu la loi du 1er août 1917, articles 1 et 2;
Vu l'article 69 de la loi du 22 mars 1924;

Arrête :

Article premier. — Est fixé à trois mois, à dater du 23 mars 1924, le délai à l'expiration duquel seront assimilées aux personnes ayant obtenu l'autorisation de tenir le répertoire des opérations de change prévue au paragraphe 1er de l'article 69 de la loi du 22 mars 1924, celles qui, antérieurement à la promulgation de ladite loi ont fait la déclaration prescrite par l'article 1er de la loi du 1er août 1917 (ancien texte) et à qui le droit de tenir le répertoire n'aura pas été retiré dans le délai ci-dessus fixé.

Article 2. — Le présent arrêté sera publié au *Journal Officiel.*

LOI DU 3 AVRIL 1918

Réglementant l'exportation des capitaux et l'importation des titres et valeurs mobilières

---

TITRE I. — *Exportation des capitaux*

ARTICLE PREMIER. — Sauf autorisation écrite du Ministre des Finances et sous réserve des dispositions de l'article 4 il est interdit à toute personne résidant en France, qu'elle agisse pour son propre compte ou pour le compte de tiers :

1° De constituer hors de France, par un moyen quelconque de crédit ou de change, à son profit ou au profit de tous tiers, un avoir en titres, ou en fonds, pour dépôts ou placement, y souscrire à une émission, consentir un prêt à une personne résidant hors de France, acheter hors de France tous titres, biens ou produits quelconques, si l'opération implique, pour la personne qui l'effectue ou pour le compte de laquelle elle est effectuée, un transfert quelconque de fonds ou de titres hors de France.

2° D'expédier ou transporter hors de France en vue de leur réalisation ou de leur encaissement des titres ou coupons dont la contre-valeur ne ferait pas l'objet, dans un délai de trois mois, d'une remise en France de francs ou devises étrangères ou en ce qui concerne les titres d'une introduction de titres de même valeur.

Article 2. — Une personne résidant en France, même après avoir reçu s'il y a lieu toutes autorisations utiles du Ministre des Finances, ne peut, si l'opération qu'elle a en vue est d'un montant supérieur à 1000 francs, acheter ou se procurer directement ou indirectement des devises ou monnaies étrangères, envoyer ou transférer hors de France des monnaies, valeurs ou titres, mettre des fonds à la disposition d'une personne résidant hors de France, (par chèques, tirages ou effets par voie de virement ou d'ouverture de crédit), mettre en France des titres à la disposition d'une personne résidant hors de France, que par l'intermédiaire d'une personne astreinte à la tenue du répertoire des opérations de change.

Les opérations prévues par le paragraphe 2 de l'article 1er ne peuvent quel que soit leur montant, être effectuées tant à l'entrée qu'à la sortie que par l'intermédiaire d'une banque tenant le répertoire des opérations de change.

Avant toute exécution d'ordre de cette nature, l'intermédiaire exigera de son client une déclaration écrite indiquant l'objet pour lequel les fonds ou titres sont envoyés hors de France ou mis en France à la disposition d'une personne résidant hors de France.

Cette déclaration devra, dans les cas prévus à l'alinéa 3 de l'article 4 de ladite loi, être revêtue de l'avis favorable de la Chambre de commerce du domicile du déclarant ou de tous autres organismes agréés.

Le refus d'avis favorable sera motivé par la Chambre de commerce ou l'organisme agréé. L'intéressé pourra demander au Ministère des Finances l'autorisation d'effectuer l'opération qui aura donné lieu à ce refus (L. du 22 mars 1924).

Les déclarations et, s'il y a lieu, les autorisations du Ministre des Finances seront conservées par l'intermédiaire qui les tiendra à la disposition des agents dont il est question à l'article 5.

A l'appui de toute déclaration d'achat de marchandises hors de France, l'importateur devra fournir une licence d'importation et en faire mention dans ladite déclaration, ou mentionner expressément sous sa responsabilité dans sa déclaration écrite, qu'il s'agit de marchandises dont l'importation est libre.

Cette licence sera visée par l'intermédiaire qui apposera sur ladite pièce un timbre à date et y indiquera la nature et le montant du règlement pour lequel il est intervenu.

ARTICLE 3. — Par les mots « personne résidant en France » il faut entendre pour l'application de la présente loi non seulement les particuliers résidant en France, mais encore toutes sociétés françaises ou étrangères, pour ceux de leurs établissements qui fonctionnent en France.

ARTICLE 4. — La prohibition édictée par l'article 1er de la présente loi ne s'applique pas :

1° Aux fonds et aux titres que les particuliers et les sociétés résidant ou fonctionnant hors de France ont ou pourront avoir en France.

2° Aux fonds qui seraient envoyés dans les colonies françaises et les pays de protectorat pour y être utilisés sur place dans l'agriculture le commerce ou l'industrie.

3° Au règlement des produits, denrées ou marchandises destinés à être importés, dans un délai maximum de 6 mois en France dans les colonies ou les pays de protectorat, conformément aux lois et règlements en vigueur.

4° Aux achats de devises étrangères effectués pour les besoins de leur propre entreprise par des industriels ou des commerçants non banquiers résidant en France en utilisant la contre valeur des fonds transférés par eux de l'étranger en France postérieurement à la promulgation de la présente loi.

Pour bénéficier des dispositions ci-dessus, les intéressés devront avoir un compte chez une personne tenant le répertoire des opérations de change.

ARTICLE 5. — Les déclarations visées à l'article 2 ainsi que les autorisations éventuelles du ministre des Finances devront être communiquées à toute réquisition, aux agents désignés à cet effet par le Ministre des Finances.

Les personnes ou sociétés qui tiennent le répertoire des opérations de change devront pour les opérations qu'elles ont effectuées pour leur propre compte, fournir à ces agents, qui en feraient la demande des déclarations analogues ainsi que les autorisations du Ministre des Finances, s'il y a lieu.

Il ne pourra en aucun cas être fait usage pour un motif autre que l'application de la présente loi des déclarations et autorisations ci-dessus, ainsi que de tous autres documents dont la communication aura été demandée par ces agents, au cours d'enquêtes concernant les opérations visées par ladite loi.

TITRE II. — *Importation des titres et valeurs mobilières*

Article 6. — L'importation en France de tous titres (actions obligations ou bons) et en général de toutes les valeurs représentant directement ou indirectement une part de propriété ou une créance est interdite.

La création en France d'un certificat conférant à son porteur un droit sur des biens ou des valeurs existant à l'étranger est assimilée à l'importation prohibée au paragraphe précédent.

Article 7. — Sont exceptés de la prohibition édictée par l'article précédent :

1° Les valeurs émises depuis le début des hostilités par l'État français.

2° Les titres échus remboursables en France et les coupons payables en France.

3° Les titres dont la personne qui en poursuit l'introduction en France était propriétaire avant la promulgation de la présente loi ou en est devenue propriétaire par succession depuis cette date.

4° Les titres achetés ou souscrits en France depuis le début des hostilités.

5° Les titres pour lesquels une autorisation générale ou spéciale aura été accordée par le Ministre des Finances.

6° Les titres acquis à l'étranger dans les conditions prévues par le paragraphe 2 de l'article 1er.

TITRE III. — *Dispositions communes*

Article 8. — Les contraventions aux prescriptions des articles qui précèdent seront constatées par des procès-verbaux dressés par les agents dont la désignation est prévue à l'article 5.

Ces agents auront le droit de demander à tous les services publics d'exercer, en vue de leur fournir tous les renseignements qui leur seront nécessaires, les droits de communication autorisés par les lois existantes.

Article 9. — Les infractions aux dispositions des articles 1er et 2 toute tentative en vue de les commettre, ainsi que les déclarations ou justifications prévues à l'article 2 qui auront été reconnues fausses ou incomplètes, seront passibles d'une amende qui ne pourra être supérieure à 25 p. 100 du montant de la somme ou de la valeur des titres dont l'exportation aura été réalisée ou tentée, sans qu'en aucun cas l'amende puisse être inférieure à 15 francs.

Les infractions aux dispositions de l'article 6 et toute tentative en vue de les commettre seront passibles de la même amende, calculée sur la valeur effective des titres dont l'importation aura été effectuée ou tentée.

En cas de récidive cette amende sera doublée.

Article 10. — Un arrêté du ministre des Finances indiquera s'il y a lieu le ou les délégués qui pourront en son nom, signer les autorisations prévues aux articles 1er et 7, et déterminera les conditions dans lesquelles fonctionneront les services destinés à assurer l'application de la présente loi.

Article 11. — Les dispositions de la présente loi resteront en vigueur jusqu'à l'expiration d'un délai de trois mois à compter de la promulgation du décret qui fixera la date de la cessation des hostilités.

Article 12. — Il est ouvert au ministre des Finances sur l'exercice 1918 en addition aux crédits provisoires alloués par la loi du

31 décembre 1917 pour les dépenses du budget ordinaire des services civils un crédit de 50 000 francs savoir :

Chapitre 55. — Commission des changes. — Personnel : 45 000 francs.

Chapitre 56. — Commission des changes. — Matériel : 5.000 francs.

A partir du moment où des dispositions analogues auront été rendues exécutoires dans les pays de protectorat de l'Afrique du Nord, le territoire de ces pays sera, comme celui de l'Algérie assimilé à celui de la Métropole pour l'application de la présente loi :

ARTICLE 14. — Le ministre des Finances adressera trimestriellement au Président de la République un rapport qui sera commuqué aux Commissions financières des deux Chambres, sur l'exécution de la présente loi.

LOI DU 31 MARS 1922

Modifiant les dispositions de la loi du 3 avril 1916 sur l'exportation des capitaux et l'importation des valeurs mobilières

(*J. O.* du 1er avril 1922)

Article unique. — Les dispositions de la loi du 3 avril 1918 et de l'article 13 de la loi du 28 février 1921 prorogées par l'article 88 de la loi du 31 décembre 1921 resteront en vigueur jusqu'au 31 décembre 1922, sous les modifications et additions suivantes :

1° Les dispositions du paragraphe 2 de l'article 1er de la loi du 3 avril 1918 sont abrogées et remplacées par les suivantes :

« D'expédier ou transporter hors de France en vue de leur réalisation ou de leur encaissement, des titres ou coupons dont la contre-valeur ne ferait pas l'objet dans un délai de trois mois d'une remise en France de francs ou de devises étrangères, ou, en ce qui concerne les titres, d'une introduction de titres de même valeur ».

2° Les dispositions de l'article 2 de la loi du 3 avril 1918 sont complétées par les dispositions suivantes, qui prendront place entre les alinéas 1 et 2 dudit article :

« Les opérations prévues par le paragraphe 2 de l'article 1er ne peuvent, quel que soit leur montant, être effectuées, tant à l'entrée qu'à la sortie, que par l'intermédiaire d'une banque tenant le répertoire des opérations de change ».

3° Les dispositions de l'article 4 de la loi du 3 avril 1918 sont complétées par la disposition suivante :

4° Aux achats de devises étrangères effectués pour les besoins de leur propre entreprise par des industriels ou des commerçants non banquiers résidant en France en utilisant la contre-valeur des fonds transférés par eux de l'étranger en France postérieurement à la promulgation de la présente loi.

« Pour bénéficier des dispositions ci-dessus, les intéressés devront avoir un compte chez une personne tenant le répertoire des opérations de change ».

4° Les dispositions de l'article 7 de la loi du 3 avril 1918 sont complétées par la disposition suivante :

6° Les titres acquis à l'étranger dans les conditions prévues par le paragraphe 2 de l'article 1e .

Un décret rendu sur la proposition du Ministre des Finances pourra, antérieurement au 31 décembre 1922, suspendre l'application des dispositions de la loi du 3 avril 1918, de l'article 13 de la loi du 28 février 1921 et du présent article.

Les poursuites entamées par application de la loi du 3 avril 1918 de l'article 13 de la loi du 28 février 1921, du présent article seront nonobstant l'expiration, l'abrogation ou la suspension de ces dites lois, continuées jusqu'à solution définitive, et une condamnation pourra être valablement prononcée.

LOI DU 28 FÉVRIER 1921

Portant :

1° Ouverture sur l'exercice 1921 de crédits provisoires applicables au mois de mars 1921 ;

2° Autorisation de percevoir pendant le même mois les impôts et revenus publics.

(*J. O.* du 1er mars 1921)

ARTICLE 12. — Le ministre des Finances est autorisé à disposer, au mieux des intérêts du Trésor, des monnaies allemandes mentionnées à l'article 2, §§ 1 et 3 de la loi du 23 avril 1919. La contre-valeur en francs de ces monnaies au cours adoptée pour chaque opération sera portée au crédit du compte spécial ouvert en exécution de ladite loi.

ARTICLE 13. — Les dispositions de la loi du 3 avril 1918 réglementant l'exportation des capitaux et l'importation des titres et valeurs mobilières sont maintenues en vigueur jusqu'au 1er avril 1921, sous les modifications et additions suivantes :

1° Le minimum des amendes prévues par l'article 9 est porté à 1 000 francs.

2° Les poursuites ne pourront être exercées qu'à la requête du Ministre des Finances.

3° Le Ministre des Finances est autorisé à transiger et le retrait de sa plainte avant le jugement entraînera l'abandon des poursuites.

Article 14. — Les dispositions de la loi du 1er août 1917 sur le répertoire des opérations de change sont modifiées comme suit :

1o Le minimum des amendes prévues par l'article 8 est porté à 1 000 francs.

2o Les poursuites ne pourront être exercées qu'à la requête du Ministre des Finances.

3o Le Ministre des Finances est autorisé à transiger et le retrait de sa plainte avant le jugement entraînera l'abandon des poursuites.

RAPATRIEMENT DU PRIX DES MARCHANDISES EXPORTÉES

(*J. O.* du 15 octobre 1925, p. 9.889)

Le Ministre des Finances et le Ministre du Commerce, de l'Industrie, des Postes et des Télégraphes;

Vu les lois des 3 avril 1918, 28 février 1921 (article 13), 24 mars 1922 et 22 mars 1924 (article 72, troisième alinéa);

Vu les arrêtés ministériels des 4 avril 1918 (articles 1er à 3) et 11 mars 1920;

Vu l'article 72 de la loi du 25 juin 1920;

Vu le décret du 24 juillet 1920;

Vu l'arrêté ministériel du 28 août 1920 (article 12);

Vu le décret du 23 mai 1925;

Arrêtent :

ARTICLE 1er. — Toute exportation de marchandises à destination de l'étranger, des colonies ou pays de protectorat à l'exception de l'Algérie et de la Tunisie, effectuée postérieurement à la promulgation de la loi du 22 mars 1924, entraîne pour l'exportateur l'obligation de rapatrier le prix des marchandises exportées et vendues, du jour où les fonds à provenir de la vente sont mis à sa disposition, soit par suite d'un paiement au comptant, soit par suite d'escompte, d'avance ou de toute autre façon.

Ce rapatriement doit être effectué par une remise de francs en France dans un délai maximum fixé provisoirement à trois mois à partir de la date où les fonds sont mis à la disposition de l'exportateur, si le transfert de ces fonds en France a lieu par une remise de devises etrangères, leur conversion en francs devra être opérée dans le même délai, à partir de la même date.

Article 2. — Les exportations prévues à l'article 1er, effectuées par les personnes tenant le registre institué par l'article 12 de l'arrêté ministériel du 28 août 1920 pris en application de l'article 72 de la loi du 25 juin 1920, seront constatées au vu des inscriptions audit registre et de tous autres documents dont la communication aux agents chargés du contrôle de l'impôt sur le chiffre d'affaires est prévue par la loi. Ces inscriptions devront comprendre désormais, non seulement les marchandises vendues, ainsi que le prescrit l'article 12 de l'arrêté sus-visé, mais encore sous une rubrique spéciale les marchandises expédiées en consignation à l'étranger auxquelles sont applicables les dispositions de cet arrêté.

Lors de la vente ultérieure à l'étranger des marchandises envoyées en consignation ou, le cas échéant, lors de leur réimportation en France, l'exportateur devra mentionner sur le registre prévu par l'arrêté du 28 août 1920, complété par le présent arrêté, en regard de l'inscription à laquelle a donné lieu l'envoi de ces marchandises, la date et le montant de leur vente ou la date de leur réimportation.

Article 3. — Les personnes ne tenant pas le registre institué par l'article 12 de l'arrêté sus-visé, qui expédient des marchandises à l'étranger, auront à faire au bureau de douane de sortie une déclaration spéciale indiquant leurs nom et domicile, la nature, la valeur et la destination de l'objet exporté, leurs déclarations seront transmises aux directions départementales des contributions indirectes dans le ressort desquelles se trouve le domicile du déclarant et réparties par elles, selon leur compétence, entre les divers services participant à l'application des lois et règlements concernant l'impôt sur le chiffre d'affaires.

Article 4. — L'obligation de rapatriement édictée par l'article 72 (troisième alinéa) de la loi du 22 mars 1924 ne s'applique pas, tant par suite des dispositions législatives en vigueur rappelées aux paragraphes 1er, 2, 3 et 4 du présent article, que par suite des dérogations provisoirement accordées, en vertu de l'article 1er de la loi du 3 avril 1918 et prévues aux paragraphes 5 et 6 du présent article :

1° Aux fonds provenant de la vente de marchandises exportées et qui seraient destinés au règlement de marchandises à importer dans les six mois.

a) En France, Algérie et Tunisie.

b) Dans les colonies ou pays de protectorat autres que l'Algérie et la Tunisie.

Si ces marchandises ou le produit de leur vente doit être utilisé sur place dans l'agriculture, le commerce ou l'industrie.

2° Aux fonds provenant de la vente de marchandises exportées directement dans les colonies ou pays de protectorat (autres que l'Algérie et la Tunisie) et qui doivent être utilisés sur place dans l'agriculture, le commerce ou l'industrie.

3° Aux prix des marchandises exportées qui sont la propriété en France de personnes résidant à l'étranger.

4° Aux prix des marchandises exportées pour lesquels une dispense de rapatriement aura été accordée par le ministre des Finances ou ses délégués.

5° Aux fonds que les exportateurs justifieront avoir utilisés au règlement à l'étranger.

Des frais de leurs établissements de vente ou d'achat à l'étranger (appointements, commissions et matériel), de frais de transport. de manutention, d'assurances et de douane.

Pour bénéficier de ces dispositions, les exportateurs devront, dans les trois mois qui suivront la publication du présent arrêté, adresser à la direction départementale de l'administration financière dont ils dépendent au point de vue de l'impôt sur le chiffre d'affaires, une déclaration faisant connaître le montant approximatif des sommes qu'ils désirent conserver annuellement à l'étranger pour les dépenses prévues au présent paragraphe ; cette déclaration devra être revêtue de l'avis favorable de la Chambre de commerce du domicile du déclarant, lorsque son montant ne correspondra plus aux besoins de l'entreprise, une nouvelle déclaration assujettie aux mêmes formalités devra être faite par l'exportateur.

6° Aux envois isolés d'objets présentant le caractère de cadeaux ou souvenirs, à la condition qu'ils ne soient pas destinés à faciliter ou à déguiser une des opérations interdites par les lois des 3 avril 1918 et 22 mars 1924 (article 72, 3e alinéa).

Article 5. — Sont désignés pour contrôler l'application des dispositions de l'article 72 (3e alinéa) de la loi du 22 mars 1924 et du présent arrêté :

1° Les inspecteurs de l'enregistrement détachés auprès du Comité de contrôle de l'exportation des capitaux.

2° Les agents des administrations des contributions indirectes, des douanes et de l'enregistrement, suivant les attributions de compétence résultant du décret du 24 juillet 1920 modifié par le décret du 23 mai 1925, relatifs à l'application de l'impôt sur le chiffre d'affaires et, dans tous les autres cas les agents de l'administration des contributions indirectes.

Les exportateurs devront fournir à ces agents toutes justifications utiles en vue de leur permettre l'exercice du contrôle des exportations de marchandises et du rapatriement en France du prix des marchandises exportées depuis la promulgation de la loi du 22 mars 1924 et vendues à l'étranger, ou de sommes équivalentes sous réserve des exceptions prévues à l'art. 4.

Article 6. — Les contraventions aux dispositions de l'art. 72 (3e alinéa) de la loi du 22 mars 1924 seront constatées par les procès-verbaux dressés par les agents désignés à l'article précédent ; ces procès-verbaux accompagnés de rapports établis par les directeurs locaux et contenant leurs propositions sur les suites contentieuses à donner à chaque affaire, seront transmis au Ministère des Finances (Comité de contrôle de l'exportation des capitaux) par l'intermédiaire de leur direction générale.

Fait à Paris, le 14 octobre 1925.

Le Ministre des Finances

J. CAILLAUX.

Le Ministre du Commerce, de l'Industrie,
des Postes et des Télégraphes.

Signé : Charles CHAUMET.

EXPORTATION DES CAPITAUX

(Loi du 31 décembre 1925)

(*J. O.* du 1er janvier 1926, p. 13)

ARTICLE 34. — Les dispositions de la loi du 3 avril 1918, de l'article 13 de la loi du 28 février 1921, de la loi du 31 mars 1922 et des articles 72 à 77 de la loi du 22 mars 1924 et 22 de la loi du 13 juillet 1925, réglementant l'exportation des capitaux et l'importation des titres et valeurs mobilières sont maintenues en vigueur jusqu'au 31 décembre 1926.

L'avant-dernier alinéa de la loi du 31 mars 1922 est ainsi modifié :

« Un décret rendu sur la proposition du Ministre des Finances pourra, antérieurement au 31 décembre 1926, suspendre l'application des dispositions de la loi du 3 avril 1918, de l'article 13 de la loi du 28 février 1921, de la loi du 31 mars 1922 et des articles 72 à 77 de la loi du 22 mars 1924 et de l'article 22 de la loi du 13 juillet 1925.

« Les dispositions du présent article sont applicables à l'Algérie ».

LOI DU 12 FÉVRIER 1924

Remplaçant la loi du 3 février 1893 et réprimant les atteintes au crédit de l'État

(*J. O.* du 13 février 1924)

Article 1er. — Sera puni de trois mois à trois ans de prison et d'une amende de mille francs (1.000 francs) à vingt mille francs (20.000 francs) quiconque, par des faits faux ou calomnieux, semés à dessein dans le public ou par des voies ou moyens frauduleux quelconques, aura provoqué ou tenté de provoquer des retraits de fonds des caisses publiques ou des établissements obligés par la loi à effectuer leurs versements dans les caisses publiques.

Article 2. — Sera puni de six mois à trois mois de prison et d'une amende de cinq mille francs (5.000 francs) à cinquante mille francs (50 000 francs) quiconque aura, même sans emploi de moyens frauduleux :

1° Opéré ou tenté d'opérer la baisse des devises nationales, dans un but de spéculation.

2° Provoqué ou tenté de provoquer la vente des titres de rente ou autres effets publics, mis obstacle ou tenté de mettre obstacle à l'achat desdits fonds ou valeurs ou à leur souscription, dans un but de dépréciation.

Article 3. — La peine sera de un an à cinq ans de prison et d'une amende de dix mille francs (10 000 francs) à cent mille francs

(100 000 francs) si les agissements définis à l'article précédent ont été accompagnés ou de faits faux ou calomnieux, semés à dessein dans le public, ou de voies ou moyens frauduleux quelconques.

Article 4. — Dans tous les cas prévus à la présente loi, lorsque le délinquant sera un étranger, la juridiction saisie prononcera, en outre, l'interdiction temporaire ou indéfinie du territoire français.

Au cas où cet étranger, malgré cette interdiction, rentrerait sur le territoire français, il sera condamné à une peine de trois mois à un an de prison et à une amende de mille francs (1 000 francs) à cinq mille francs (5 000 francs). A l'expiration de sa peine, il sera reconduit à la frontière.

Article 5. — L'article 463 du code pénal sera applicable, sauf lorsqu'il s'agira d'un délinquant déjà condamné pour l'un des délits prévus et réprimés par la présente loi et reconnu coupable à nouveau de l'un des délits prévus et réprimés par celle-ci ; dans ce dernier cas, le sursis à l'exécution de la peine prévue par l'article 1er de la loi du 26 mars 1891 sera également inapplicable.

Article 6. — La loi du 3 février 1893 tendant à compléter les articles 419 et 420 du code pénal est abrogée.

Article 7. — La présente loi est applicable à l'Algérie, aux colonies et aux pays de protectorat.

LOI DU 22 MARS 1924

Ayant pour objet la réalisation d'économies, la création de nouvelles ressources fiscales et diverses mesures d'ordre financier.

(*J O.* du 23 mars 1924 (Errata *J. O.* 29 mars)

Article 69. — A partir de la promulgation de la présente loi, quiconque veut faire profession ou commerce de recueillir, acheter ou vendre, négocier, escompter, encaisser ou payer des monnaies ou devises étrangères : coupons, titres d'actions ou obligations négociables ou non négociables, quels que soient leur dénomination et le lieu de leur création, dont le montant ou le prix est payable à l'étranger en monnaies étrangères ou payable en France en monnaie française, sur une disposition de l'étranger ou après négociation à l'étranger, est tenu, avant toute opération, d'en obtenir l'autorisation écrite du Ministre des Finances et de faire la déclaration de cette profession ou de ce commerce au bureau de l'enregistrement de chacun de ses succursales ou agences. Cette déclaration ne pourra être reçue que si elle est accompagnée de ladite autorisation écrite du Ministre des Finances. L'autorisation du Ministre des Finances est toujours révocable.

Les personnes qui, antérieurement à la promulgation de la présente loi, ont fait la déclaration qui était prévue à l'article 1er de la loi du 1er août 1917 sont provisoirement autorisées à continuer leurs opérations. Pendant un délai qui sera fixé par arrêté du Ministre des Finances, le Ministre des Finances pourra leur enlever le droit de tenir le répertoire. Après expiration de ce délai les personnes auxquelles le Ministre des Finances n'aura pas retiré le droit de tenir le répertoire seront assimilées à celles qui ont obtenu l'autorisation prévue au paragraphe 1er du présent article.

Article 70. — Les contraventions aux prescriptions de l'article 69 de la présente loi et des articles 2, 3 et 4 de la loi du 1er août 1917, ainsi qu'à celles des arrêtés ministériels prévus à l'article 4 de la loi du 1er août 1917, seront constatées par des procès-verbaux dressés par les agents dont la désignation est prévue audit article 4.

Les poursuites ne pourront être exercées qu'à la requête du Ministre des Finances.

Le Ministre des Finances est autorisé à transiger et le retrait de sa plainte avant le jugement entraînera l'abandon des poursuites.

Les infractions à l'article 69 de la présente loi seront punies d'une amende de 1000 francs à 5000 francs et d'un emprisonnement d'un mois à six mois ou l'une de ces deux peines seulement.

Les infractions aux articles 2, 3 et 4 de la loi du 1er août 1917 et aux arrêtés ministériels prévus à l'article 4 de ladite loi seront punies d'une amende de 1000 francs à 5000 francs.

Les dispositions de l'article 463 du code pénal sont applicables aux articles 69 et 70 de la présente loi et restent applicables aux articles 2, 3 et 4 de la loi du 1er août 1917 et aux arrêtés ministériels prévus à l'article 4 de ladite loi.

TABLE DES MATIÈRES

PREMIÈRE PARTIE

ÉTUDE CRITIQUE

Chapitre I

Crise économique ou crise de confiance

Chapitre II

Les partisans de la liberté économique

Chapitre III

Assainissement financier

DEUXIÈME PARTIE

CONTRIBUTION JURIDIQUE A LA SOLUTION DU PROBLÈME

Chapitre I

Fiction du projet de loi pour arriver à une discussion sérieuse et détaillée

Chapitre II

Sanctions pénales

Chapitre III

Achats de devises étrangères par les particuliers

Chapitre IV

Détention illicite de devises étrangères

CHAPITRE V

Achats de devises étrangères par les commerçants et industriels

CONCLUSION

BIBLIOTHÈQUE NATIONALE IMPRIMÉS

524-6-26. — IMPRIMERIE DE LA JURISPRUDENCE GÉNÉRALE DALLOZ.

www.ingramcontent.com/pod-product-compliance
Ingram Content Group UK Ltd.
Pitfield, Milton Keynes, MK11 3LW, UK
UKHW020917180726
13838UKWH00002B/595